austria

ARCHITEKTUR WOHNKULTUR KUNST

architecture
living culture
art

1940
—
1950

Gefördert von der Kulturabteilung
der Stadt Wien, Wissenschafts-
und Forschungsförderung

Robert Keil (Hg.)

austria

ARCHITEKTUR WOHNKULTUR KUNST

architecture
living culture
art

Mit Beiträgen von

Rainald Franz
Markus Kristan
Gabriela Nagler

1940 — 1950

Inhaltsverzeichnis/contents

Vorwort

So vielschichtig eine Gesellschaft ist, so vielseitig ist auch der Wunsch eines jeden einzelnen, sich zu positionieren. Das geschieht meistens mit der Wahl, die persönliche Umgebung, sei es ein Haus oder eine Wohnung, so zu gestalten, dass sie dem sozialen Status oder dem persönlichen Geschmack entspricht.
Die unterschiedlichen formalen Aspekte der Architektur, des Mobiliars und der häuslichen Attribute, sowie die jeweiligen Kunstwerke reflektieren den Zustand oder die Sehnsucht der darin lebenden Menschen, aber auch die utopischen Vorstellungen der gestaltenden Künstler.
Das künstlerische Angebot ist sehr breit gestreut. Dabei stellt sich die Frage, welches Angebot zu seiner Zeit angenommen wurde und was heute davon noch in unserem Bewusstsein geblieben ist. Was einmal modern war, kann heute vergessen sein oder umgekehrt.
Deshalb werden hier die in dem kurzen Zeitraum von jeweils zehn Jahren realisierten Kunstwerke aus dem Bereich der Architektur, des Kunstgewerbes und der bildenden Kunst gezeigt, um so das breite Spektrum des zeitgleichen Kunstschaffens deutlich zu machen.
Als wichtige Quelle dienen unter anderem die Kunst- und Architekturzeitschriften, in denen neben der gebauten Architektur und dem Kunstgewerbe auch Wohnungseinrichtungen vorgestellt werden, die – möglichst lebensnah – auch mit Bildern ausgestattet sind. Sie sind Vorlage für die Auswahl der Abbildungen und erheben nicht den Anspruch einer authentischen Rekonstruktion, sondern sollen das Typenhafte bestimmter Geschmacksrichtungen verdeutlichen.
Im Bildteil wird von der Architektur ausgegangen, die ja den öffentlichsten Teil der Selbstdarstellung bildet, überleitend zur Einrichtung, den Gegenständen des täglichen Gebrauchs, dem Kunstgewerbe und schließlich zu den Kunstwerken, mit denen sich die Menschen umgaben.
Aus diesem Spannungsfeld heraus laden wir Sie dazu ein, sich eine eigene Meinung über die ästhetischen Vorstellungen dieser Epoche zu bilden und persönliche Assoziationen zu manchen Objekten herzustellen, die vielleicht Teil der eigenen Familiengeschichte sind.

Preface

As complex as a society is, so varied is also the desire of each individual to position oneself within it. This occurs mostly by the choice of fashioning one's personal environment, be it a house or an apartment, so that it corresponds to one's social status or personal taste.
The varied formal aspects of the architecture, of the furnishings, and of the domestic accessories, as well as the respective works of art, reflect the condition or the aspirations of those living there; they also mirror the utopian ideals of the artists who designed them. Artistic offerings are broadly diffused. The question arises, which choices of products were taken up at a particular period, and what remains of these in our consciousness today. What was once modern can today be forgotten, or vice versa. For this reason, the works of art which were produced in the short time span of ten years in the areas of architecture, applied arts and visual arts will be presented here, in order to reveal the broad spectrum of contemporary artistic works.
Contemporary art- and architectural journals serve as important sources; in these, in addition to built architecture and applied arts, interior decoration was also presented. The journals were illustrated in as true-to-life a fashion as possible. These journals are the models for the selection of the illustrations; they do not make a claim to an authentic reconstruction, but instead should elucidate specific tastes.
The pictorial section begins with architecture, which indeed forms the most public element of self-representation, segueing into furnishings, the objects of daily use, applied arts, and finally concluding with the visual arts with which people surrounded themselves.
From these fields we invite you to form your own opinion regarding the aesthetic notions of this epoch, and to establish personal associations to certain objects which are perhaps part of your own family history.

Einleitung

Zu Beginn der vierziger Jahre gab es den Staat Österreich nicht. Österreich war als „Ostmark" Teil des Tausendjährigen Deutschen Reiches. Fünf Jahre später und knappe zwei Wochen vor dem offiziellen Kriegsende löste sich dieses kleine Land von den Fesseln des nationalsozialistischen Terrors. Am 27. April 1945 proklamierte die provisorisch zusammengestellte Staatsregierung unter Karl Renner die Wiederherstellung der Republik.
Von nun an sollten die demokratischen Prinzipien, die am Beginn in dieser „Zweiten Republik" wiederhergestellt wurden, Österreich in eine befriedete und prosperierende Zukunft führen. Aber noch war Österreich kein freies Land, sondern ein in vier Besatzungszonen aufgeteiltes Territorium, das von amerikanischen, russischen, englischen und französischen Militäreinheiten kontrolliert wurde. Dieser Zustand sollte bis 1955 andauern. Dem Land blieb eine politische Teilung, wie es Deutschland für die nächsten Jahrzehnte erleben sollte, erspart.
Österreich wurde von den Siegermächten als erstes Opfer der nationalsozialistischen Expansion angesehen. War diese Sichtweise bloß Kalkül in einem beginnenden Kalten Krieg zwischen den kapitalistischen und kommunistischen Ideologien, so setzte sich diese Theorie in der österreichischen Bevölkerung wie ein Reflex fest. Die Mitschuld an den Verbrechen gegen die Menschlichkeit, an denen sich genug Österreicher beteiligt hatten, wurde somit über Jahrzehnte hinweg auch offiziell geleugnet.
So ist es nicht verwunderlich, dass sich auch die kulturellen Gegebenheiten nicht schlagartig änderten. Es war ein mühevoller Weg, den Menschen wieder das Bewußtsein der Freiheit zu vermitteln, nicht nur im politischen und gesellschaftlichen Denken, sondern auch im Umgang mit der Kultur.
Man darf nicht vergessen, dass bis 1945 Kultur von rassischen und dem Regime entsprechenden politischen Ideen geprägt war. Ab dem Sommer 1943 wurden schließlich alle kulturellen Einrichtungen im Zuge des von Reichsminister Goebbels proklamierten "totalen Kriegseinsatzes" geschlossen. Umso mehr bemühten sich die alliierten Siegermächte nach dem Krieg, ihre künstlerischen und kulturellen Ideen – sicherlich auch nach ideologischen Gesichtspunkten – in dieses Vakuum zu transferieren. Aber damit konnte Österreich wieder langsam an den internationalen künstlerischen Strömungen teilhaben, von denen es fast ein Jahrzehnt ausgeschlossen war.

Introduction

At the beginning of the 1940s, the country of Austria did not exist. Austria was "Ostmark", part of the Thousand-Year Reich. Five years later and barely two weeks before the official end of the war, this small land freed itself from the bonds of Nazi terror. On 27 April 1945, the provisionally assembled national government under Karl Renner proclaimed the restoration of the Republic.
From this point on, the democratic principles which were reinstated at the beginning of this "Second Republic" should guide Austria into a peaceful and prosperous future. Austria, however, was not yet a free country, but an occupied territory divided into four zones, controlled by American, Russian, English and French military units. This situation continued until 1955. The country was spared the political division that Germany would experience over the following decades.
Austria was considered by the victorious powers to be the first victim of National Socialist expansion. If this viewpoint was pure calculation in a beginning Cold War between capitalist and communist ideologies, this theory firmly established itself like a reflex in the Austrian popular mentality. Complicity in the crimes against humanity in which enough Austrians had participated was thereby disclaimed, also officially, for decades.
It is therefore no great surprise that the cultural circumstances also did not change overnight. It was an arduous road to convey to people an awareness of freedom, not only in political and social affairs but also in dealings with culture.
It must be borne in mind that until 1945 culture was stamped by racist and political ideals that corresponded with those of the regime. After the summer of 1943, all cultural institutions were finally closed in the course of the "total state of war" proclaimed by Reichsminister Goebbels. Therefore, the victorious allied powers endeavoured after the war as much as possible to transfer their artistic and cultural ideas – certainly also according to ideological considerations – into this vacuum. Nevertheless, in this manner, Austria could slowly begin to share in international artistic currents from which it had been excluded for nearly a decade.

Blick über die zerstörte Rampe der Albertina auf die Oper, Oktober 1945

View of the Opera over the destroyed ramp of the Albertina, October 1945

Karl Renner mit den Vertretern der Alliierten in der provisorischen österreichischen Regierung, Dezember 1945

Karl Renner with the representatives of the Allied Forces in the provisional Austrian government, December 1945

Markus Kristan

Österreichische Architektur 1940–1950

Die österreichische Architektur im fünften Jahrzehnt des 20. Jahrhunderts ist von einem alles dominierenden historischen Ereignis geprägt, dessen Schrecknisse von einem bis dahin nicht geahnten Ausmaß waren: dem Zweiten Weltkrieg. Genau genommen liegt der Beginn des Zweiten Weltkrieges schon im Jahrzehnt davor, 1939, und die damit begonnenen, teilweise nur schwer messbaren Auswirkungen auf die Architektur finden bis zum Ende des Krieges, 1945, ihre Fortsetzung. Doch auch danach, noch weit über das Jahr 1950 hinaus, sind die Auswirkungen sicht- und spürbar. Etwas zynisch könnte man die Behauptung aufstellen, dass in der ersten Hälfte der Dekade (vor allem in Österreich bzw. nach damaliger Diktion in der „Ostmark") wesentlich mehr zerstört wurde als neu gebaut.

Mit dem Anschluss Österreichs an das Deutsche Reich im März 1938 wurde auch die Kommunalpolitik tiefgreifend verändert. Die Städte und Gemeinden Österreichs wurden durch die autoritären Verordnungen ermutigt, Vergrößerungen ihrer Stadt- und Gemeindegrenzen anzustreben. Den darauf folgenden gigantomanischen Planungen nach sollten vor allem Linz und Wien monströse, am Reißbrett konstruierte Gebilde werden. Linz, die Stadt in deren Nähe Adolf Hitler geboren worden war, wurde zu einer der fünf „Führerstädte" im deutschen Reich erklärt. Und auch Wien wurde zu „Groß-Wien" erweitert – sollte aber zugleich zu einer Hafenstadt „degradiert" werden, in der die aus dem Osten erwarteten Güter umgeladen werden sollten.

fig. 1

Teils ihren Aufträgen und Anstellungen folgend, teils im vorauseilenden Gehorsam entwarfen die in der „Ostmark" zurückgebliebenen Architekten (viele Architekten hatten bereits vor den vierziger Jahren aus rassischen oder politischen Gründen das Land verlassen müssen) – ohne Rücksicht auf die

Austrian Architecture 1940–1950

Austrian architecture in the fifth decade of the 20th century is characterised by a historical event which overshadowed everything, the horrors of which were previously unimagined: the Second World War. Strictly speaking, the beginning of the Second World War in 1939 lay in the previous decade, and the impact on architecture – an impact which began at that date and which is in part hard to measure – continued until the end of the war in 1945. Yet even afterwards, long after 1950, the effects were visible and palpable. One could cynically observe that in the first half of the decade (above all in Austria, or in the language of the time, in "Ostmark"), considerably more was destroyed than was built anew. With the annexation of Austria to the German Reich in March 1938, local politics were also fundamentally altered. The cities and boroughs of Austria were encouraged by the authoritarian ordinances to strive to increase their civic and borough borders. According to the gigantesque plans which resulted, Linz and Vienna in particular should become monstrous entities constructed on the drawing board. Linz, the city near which Adolf Hitler had been born, was declared one of the five "Führer Cities" of the German Reich. Vienna as well was expanded to "Great Vienna" – yet at the same time it was proposed to "downgrade" it to a port city, into which goods and commodities expected from the east should be transferred.

In part following their commissions and appointments, in part due to preemptive obedience, the architects who had remained in the "Ostmark" – many architects had already had to leave the country in the previous decade for racial or political reasons – without consideration for the preexisting historical buildings, developed axes through the large cities of Austria punctuated with over-dimensional monumental buildings. With the outbreak of the world war in September 1939, private residential construction – which had already been severely restricted – practically came to a standstill. Only the public housing estates still played a certain role until ca. 1942. The old institutions (Societies, Associations etc.) were in part destroyed and replaced by new organisations – such as for example

bestehenden historischen Bauten – Achsen durch die großen Städte Österreichs mit überdimensionierten Monumentalbauten.
Mit Ausbruch des Weltkrieges im September 1939 kam der private Wohnbau – der schon zuvor stark eingeschränkt gewesen war – praktisch zur Gänze zum Erliegen. Allein der öffentliche Wohn- und Siedlungsbau spielte noch bis ca. 1942 eine gewisse Rolle. Die alten Strukturen (Vereine, Genossenschaften usw.) wurden teilweise zerschlagen und durch neue Organisationen ersetzt – wie zum Beispiel der am 16. Dezember 1939 gegründeten „Neuen Heimat". Das Vorhaben der nationalsozialistischen Machthaber, die Wohnungsnot zu beseitigen oder zumindest zu lindern, war jedoch nur halbherzig: Großartigen Ankündigungen folgten nur wenige Taten (fig. 1 und fig. 2, S. 65–67).
„Führerstadt" Linz. Wie schon erwähnt, war die Neugestaltung von Linz an der Donau eines der wichtigsten und größten Bauprojekte der Nationalsozialisten. Von den Planungskonzepten, die auch eine großzügige Donauuferverbauung vorsahen (fig. 3), wurde nur das wenigste verwirklicht. Bis heute sind jedoch die Reichswerke „Hermann Göring" (heute VOEST), mit deren Errichtung im Mai 1938 begonnen wurde, ein Wahrzeichen der Stadt. Aber selbst hier blieb vieles Propaganda: von den ursprünglich angekündigten zwölf Hochöfen wurden schließlich nur sechs gebaut, welche die Basis der Hütte bildeten. Die zivilen Produktionspläne wurden sehr bald von massiven Rüstungsproduktionen zur Kriegsvorbereitung abgelöst. Architekten der von 1938–1943 errichteten Anlage waren Herbert Rimpl und Alexander Popp, der nach dem Machtwechsel in Österreich an der Wiener Akademie auch die Stelle des Rektors eingenommen hatte. Beeindruckend sind bis heute auch die 1942 fertiggestellte, nördlich des Werkshafens gelegene Halle des Kraftwerks und das in dieser Zeit von Hermann Giesler und Jochen Wilk entworfene Verwaltungsgebäude. Infolge der Errichtung der Nibelungenbrücke (Friedrich Tamms, 1938–1940) über die Donau nach Urfahr wurde 1939–1943 der Brückenkopf neu geschaffen. Die nach Plänen von Roderich Fick und Anton Estermann erbauten neobarocken Verwaltungsgebäude sind jedoch alles, was von der ursprünglich großzügig projektierten, monumentalen Donauuferverbauung verwirklicht wurde (fig. 4).
In den ersten Kriegsjahren, zwischen 1940 und 1943, entstanden in Linz zahlreiche Siedlungen und Wohnhausanlagen wie beispielsweise die Wohnhausanlage für die Kleinmünchner Spinnereien, die

the "New Homeland" founded on 16 December 1939. The intention of the National Socialists in power, to eliminate or at least to alleviate the housing shortage, was nonetheless only half-hearted: great announcements were followed by very few actual deeds (fig. 1 and fig. 2, p. 65–67).
"Führer City" Linz. As previously mentioned, the new development of Linz on the Danube (fig. 3) constituted one of the most important and largest construction projects of the National Socialists. Of the large-scale planning concepts, which also foresaw a generous development along the banks of the Danube, only the minimum was actually realised. Until today, the Reichs-works "Hermann Göring" (today, VOEST), begun in May 1938, serves as a landmark of the city. Even here, however, much remained mere propaganda: of the originally announced twelve furnaces, only six were ultimately built, these forming the basis of the steelworks. Production plans for civic ends were rapidly replaced by the production of armaments in preparation for war. The architects of the site, which was erected between 1938–1943, were Herbert Rimpl and Alexander Popp, who after the transfer of power in Austria also took over the position of Director of the Vienna Academy. The main hall of the facility, completed in 1942 and located to the north of the works' harbour, is still impressive, as is the administration building designed at the same time by Hermann Giesler and Jochen Wilk. In the course of the construction of the Nibelungen Bridge (Friedrich Tamms, 1938–1940) over the Danube to Urfahr, the bridgehead was redesigned. The neo-Baroque administration buildings, built according to plans by Roderich Fick and Anton Estermann, however, are the only objects that were actually realised from the original monumentally conceived

fig. 2

fig. 3

fig. 4

Eigenheim-Siedlung Keferfeld, die Siedlung Wienerstraße und die große Werkssiedlung Bindermichl, von Herbert Rimpl, Jakob Küppers und Roderich Fick.
Exemplarisch für alle anderen Bundesländer Österreichs (mit Ausnahme von Wien) und ihren Landeshauptstädten, sei hier kurz die Situation in Oberösterreich geschildert: Viele andere Städte in Oberösterreich wie Wels, Lenzing, Braunau am Inn, Vöcklabruck, Attnang-Puchheim, Steyr und Schwanenstadt wurden mit ähnlichen Bauten, wie sie in der Landeshauptstadt errichtet wurden, vergrößert. Beispielsweise seien hier in Wels die Landarbeiter-Musterhäuser Rosenau (1943/1944, Hellmut Wais) und die Vogelweidsiedlung (1938–1940, 1941–1944, Leo Keller, Baumeister Franz Sattler) oder in Steyr die Werkssiedlung der „Hermann Göring"-Reichswerke Münichholz (1939–1944, Herbert Rimpl) genannt.

„Groß-Wien". Am 9. April 1938 tat Adolf Hitler bei seiner Rede vom Wiener Rathaus jenen fatalen Ausspruch, dessen ganze Tragweite sich auf den Monat genau sieben Jahre später zeigte, als die schwer zerstörte Stadt von den alliierten Truppen befreit wurde: „…diese Stadt ist eine Perle! Ich werde sie in jene Fassung bringen, die dieser Perle würdig ist…" Diese zweideutige Phrase verleitete die Gefolgschaft des „Führers" zur irrigen Annahme, dass sofort die bauliche Um- und Ausgestaltung der Gauhauptstadt in Angriff genommen werden würde.
In Wien brach nach dem Anschluss an das Deutsche Reich im März 1938 eine Planungseuphorie aus. Die Architekten der Stadtverwaltung entwickelten gigantische Neugestaltungsprojekte, wie zum Beispiel eine Monumentalstraße auf den Kahlenberg (1938), einen „Kultbezirk" auf dem Heldenplatz (1940) und eine „Nordstadt" (S. 35) für 150.000 Menschen zwischen Floridsdorf und Kagran. All diese Projekte entstanden unter dem schlagwortartigen Motto „Wien an die Donau" (S. 34). Darüber hinaus war vorgesehen, die Leopoldstadt, wo die Mehrheit der Bevölkerung jüdisch war, vollkommen abzubrechen. Am donauseitigen Ende eines „Parteiforums", das in Verlängerung der Ringstraße geplant war, sollten ein offizieller Ankunftsplatz für Gäste und ein Zentralbahnhof entstehen. Stadtseitig beabsichtigte man, die Gegend um

development along the banks of the Danube (fig. 4). During the first years of the war, between 1940 and 1943, numerous housing estates grew up in Linz, as for example the housing estate of the Kleinmünchner Spinnereien, the private house estate Keferfeld, the Wienerstraße estate, and the large company housing estate Bindermichl, by Herbert Rimpl, Jakob Küppers and Roderich Fick. Exemplary for all of the other Austrian provinces (with the exception of Vienna) and their provincial capitals, we may briefly survey the situation in Upper Austria: many other towns in Upper Austria such as Lenzing, Braunau am Inn, Vöcklabruck, Attnang-Puchheim, Steyr and Schwanenstadt were enlarged with similar buildings as were erected in the provincial capital. As examples may be mentioned the agricultural labourers' model homes "Rosenau" in Wels (1943/1944, Hellmut Wais) and the Vogelweid estate (1938–1940, 1941–1944, Leo Keller, with Franz Sattler as master builder); or in Steyr, the company housing estate of the "Hermann Göring" Reichs works at Münichholz (1939–1944, Herbert Rimpl).

„Great Vienna". On 9 April 1938, in his speech from the Vienna Council House, Adolf Hitler used the words, the full consequences of which were revealed in the same month precisely seven years later when the heavily damaged city was freed by allied troops: "...this city is a gem! I will place it in the setting, that such a gem deserves..." This equivocal phrase led the followers of the "Führer" to the misguided assumption that the structural transformation and elaboration of the district capital would immediately be undertaken.
In Vienna, after the annexation to the German Reich in March 1938, a planning euphoria broke out. The architects of the municipal administration devised gigantic new redevelopment projects, such as for example a monumental road on the Kahlenberg (1938), a "cult area" at the Heldenplatz (1940) and a "northern town" (p. 35) for 150,000 residents between Floridsdorf and Kagran. All of these projects arose under the catchphrase motto "Vienna on the Danube" (p. 34). Furthermore, it was planned to demolish the Leopoldstadt region completely, where the majority of the inhabitants were Jewish. At the Danube end of a "Forum for the Party", planned as an extension of the Ringstraße, an official arrival area for guests and a central railway station should arise. On the city side, it was proposed to raze the area around the St. Rupert's Church and the Church of Maria am Gestade, and to erect a "National Monument" surpassing all the historical buildings. As with so many of the National Socialists' proclama-

die Ruprechtskirche und Kirche Maria am Gestade zu schleifen und ein, alle historische Bauten überragendes, „Nationaldenkmal" zu errichten.
Wie so vieles bei den Nationalsozialisten bestand auch die Ankündigung eines großen Wohnbauprogrammes aus leeren Versprechungen. Außer einer, gemessen an den vollmundigen Ankündigungen, verhältnismäßig kleinen Zahl von aus äußerst bescheidenen Wohnhäusern bestehenden Stadtrandsiedlungen (z. B. Siedlung Wienerfeld-West, Siedlung Wienerfeld-Ost [fig. 5], Erweiterung der Gemeindesiedlung Lockerwiese, SA-Siedlung am Freihof), lag der Wohnbau darnieder. Im Wesentlichen erinnern heute lediglich noch die Flaktürme (Esterházypark, Arenbergpark, Augarten, Stiftskaserne, nach Plänen von Friedrich Tamms) und die Fasangartenkaserne (fig. 6) an die Bautätigkeit in Wien zwischen 1940 und 1945.
Formal wurde im Wohnbau in den meisten Fällen an die Bautradition des planenden Stadtbauamtes angeschlossen. Eventuelle Änderungen beschränkten sich zumeist auf Attribute wie Fensterteilungen und Eingänge. Zur Senkung der Baukosten wurden beispielsweise Treppenhäuser minimiert und die Ausführungsqualität verschlechtert. Generell lässt sich eine architektonische Verarmung konstatieren – auch da plastische Gliederungen kaum mehr angewandt wurden und sich die Gestaltung auf das Notwendigste beschränkte. Eingänge und gelegentlich auch Fenster wurden mit Segmentbögen überwölbt, an deren höchster Stelle ein Schlussstein die symbolische Wirkung eines klassischen Tormotivs erreichen sollte. Im Inneren der Häuser sind die Treppen minimal dimensioniert und verzichten auf den räumlichen Luxus von Treppenaugen. Interessant ist noch, dass jene architektonische Formensprache, die allgemein mit dem Nationalsozialismus in Verbindung gebracht wird, erst in der Zeit des Wiederaufbaus nach 1945 im großen Stil angewandt wurde. Dies hängt auch damit zusammen, dass einige der in den späten vierziger Jahren und Anfang der fünfziger Jahre errichteten kommunalen Wohnbauten auf Planungen aus der NS-Zeit zurückgehen. Aus all dem ergibt sich, dass formale Änderungen bei den Wohnbauten aus der Zeit vor 1938, aus der Periode zwischen 1938 und 1945 und aus der Zeit nach 1945 nur in äußerst geringem Ausmaß festzustellen sind.
Die formal vielversprechendste und wegweisendste Architektur fand sich nur in einem weitgehend unbeachteten Gebiet: im Industriebau. Bei dieser Bauaufgabe finden sich ungewöhnlich rationale, klare und konstruktive Formgebungen (z. B. in Wien XI:

fig. 5

tions, the announcement of a large-scale residential building programme was based on empty promises. With the exception of a proportionally small number – in contrast to the pronouncements – of housing estates on the city borders, consisting of extremely modest residences (e.g. housing estate Wienerfeld-West, housing estate Wienerfeld-Ost [fig. 5], extension of the municipal housing estate Lockerwiese, or the SA-estate at Freihof), housing construction stagnated. Essentially, only the flak towers (Esterházypark, Arenbergpark, Augarten, Stiftskaserne, according to plans by Friedrich Tamms) and the Fasangarten barracks (fig. 6) serve as reminders of architectural activity in Vienna between 1940 and 1945.
In most cases, in housing construction the building tradition of the municipal planning office was followed. Any alterations were limited mainly to aspects such as the division of windows, and entrances. In order to reduce construction costs, for example, stairwells were minimized and the quality of execution was decreased. In general, an architectonic impoverishment can be noted – also since three-dimensional arrangements were scarcely applied any more, and the design was restricted to the bare necessities. Entrances and occasionally also windows were arched over with segmental arches, with a keystone at the apex supposedly providing the symbolic representation of a classical door motif. In the interior of the buildings, the stairs were given minimal dimensions and the spatial luxury of stairwells was dispensed with. It is indeed interesting that the particular architectural formal language which is generally associated with the National Socialists was first applied extensively in the period of reconstruction after 1945. This has to do with the fact that some of the communal

fig. 6

fig. 7

Norma-Werke von Hans Payer, Saurer-Werke von Karl Fiebinger & Franz Mörth [fig. 7] und Ventilwerke Hoerbiger & Co. von Siegfried und Werner Theiss & Hans Jaksch).
Das bekannteste, jedoch nicht erhaltene Gebäude dieser Epoche war das „Haus der Wehrmacht" in Wien 3, Metternichgasse 3. Josef Hoffmann hatte dafür 1939–1940 die nicht mehr benötigte Deutsche Gesandtschaft, einen historistischen Bau, zu einem monumentalen Gebäude im klassizistischen Stil (der hier partiell an seine Bauten für die Wiener Werkstätte erinnert) umgestaltet (siehe Band 1930–1940, S. 16).
Architektur im Exil. Zu der im Grunde genommenen kargen Bautätigkeit in der „Ostmark" lohnt ein Blick darauf, welchen Tätigkeiten die aus Österreich geflohenen Architekten international nachgingen. Exemplarisch für all die vielen Baukünstler, die ein ähnliches Schicksal erlitten, seien hier zusammenfassend die Tätigkeiten von Josef Frank, Victor Gruen, Ernst Schwadron und Walter Sobotka geschildert:
Einer der prominentesten Emigranten war ohne Zweifel Josef Frank (S. 112, 113). Er wanderte bereits 1933/1934, also fünf Jahre vor dem „Anschluss", nach Schweden aus, wo er 1939 Staatsbürger wurde. Von hier floh er vor den Nationalsozialisten weiter nach New York, wo er im Dezember 1942 an der von Joseph Urban erbauten New School for Social Research zu unterrichten begann. Neben seinen Vorlesungen und schriftstellerischen Tätigkeit beschäftigte er sich 1942 mit einem Projekt zur Verbesserung der Wohnsituation in den New Yorker Slums. Nach Kriegsende entwarf er 1947 ein Projekt für das UNO-Hauptgebäude in New York. In seiner New Yorker Zeit entwarf Frank auch zahlreiche Möbelstoffe für die schwedische Firma Svenskt Tenn.
Ein in der Emigration überaus erfolgreicher österreichischer Architekt war Viktor Grünbaum, der sich in Amerika Victor Gruen nannte (fig. 8). Er traf nach einer

housing estates which were built in the late 1940s and early 1950s actually were based on plans from the Nazi period. For all of these reasons, formal transformations in residential buildings from the period before 1938, from the period between 1938 and 1945, and from the period after 1945 can only be identified in extremely small measure.
The formally most promising and pioneering architecture was being created in a largely unnoticed sphere: in industrial building. In this area of construction, unusually rational, clear and constructive designs were developed (e.g. in Vienna's 11th district: Norma-Works by Hans Payer, Saurer-Works by Karl Fiebinger & Franz Mörth (fig. 7) and the valve works Hoerbiger & Co. by Siegfried and Werner Theiss & Hans Jaksch). The most well-known, although not preserved building of this epoch was the "House of the Armed Forces" in Vienna's 3rd district at Metternichgasse 3. In 1939–1940, Josef Hoffmann redesigned the no longer needed German Embassy, a historical building, into a monumental structure in classicizing style (which was partially reminiscent of his buildings for the Wiener Werkstätte) [see the Volume 1930 – 1940, p. 16].
Architecture in exile. In contrast to the generally speaking meagre building activity in the "Ostmark", it is worth casting a glance at the activities on the international scene of architects who had fled Austria. Exemplary for the many architects who suffered a similar fate may be mentioned here in summary fashion the activities of Josef Frank, Victor Gruen, Ernst Schwadron and Walter Sobotka.
One of the most prominent emigrés was, without doubt, Josef Frank (p. 112, 113). Already in 1933/1934, that is, before the annexation, he emigrated to Sweden, where he became a citizen in 1939. From here, he fled the Nazis and went to New York, where in 1942 he began to teach at the New School for Social Research built by Joseph Urban. In addition to his teaching and writing, in 1942 he became involved in a project to improve the living situation in the New York slums. After the end of the war, he drew up a project in 1947 for the UNO central building in New York. During his time in New York, Frank also designed numerous examples of upholstery fabric for the Swedish firm Svenskt Tenn.
A particularly successful emigré Austrian architect was Viktor Grünbaum, who in America called himself Victor Gruen (fig. 8). After escaping via Sweden, France and England, he arrived in New York on July 13, 1938. Here, his first independent commission in 1939 was the designing of a leatherware shop for the Viennese Ludwig Lederer on Fifth Avenue. Shortly

Flucht über die Schweiz, Frankreich und England am 13. Juli 1938 in New York ein. Hier war 1939 sein erster selbstständiger Auftrag die Gestaltung eines Lederwarengeschäftes für den Wiener Ludwig Lederer in der Fifth Avenue. Kurze Zeit später gründete er mit der amerikanischen Designerin Elsie Krummeck eine Arbeitsgemeinschaft. Nach einer Reihe von Aufträgen übersiedelte Victor Gruen mit seiner Firma 1940 nach Los Angeles, da er dort für eine Kaufhauskette neue Verkaufslokale umbauen sollte. 1947 erhielt er den für ihn folgenreichen Auftrag, ein großstädtisches Kaufhaus zu errichten. Der überwältigende Erfolg des zweigeschossigen Baus mit Parkplatz auf dem Dach führte zu einer Kette von weiteren derartigen Aufträgen. Mit seiner neuen Firma „Victor Gruen Associates“, die zeitweise 300 Angestellte hatte, entwickelte er in den 50er Jahren große Einkaufszentren, als deren Erfinder er heute gilt.

Bereits im März 1938 emigrierte Ernst Schwadron (S. 114ff.), da er jüdischer Abstammung war, nach New York, wo er im April 1939 Chef-Designer der Einrichtungsfirma Rena Rosenthal wurde. Für diese Firma entwarf er Inneneinrichtungen und Auslagengestaltungen. 1943, zur Zeit des Wendepunktes des Zweiten Weltkriegs, befasste er sich mit der Adaptierung der Gastanks der amerikanischen Armee für friedliche Zwecke. Im Jahr darauf, 1944, gelang ihm mit seiner Firma „Ernst Schwadron Inc.“ der Sprung in die Selbstständigkeit. Gemeinsam mit seinem gleichfalls aus Wien stammenden Berufskollegen Leopold Kleiner richtete er die Büroräume der „American Crayon Company“ im Rockefeller Center ein (S. 117). Zu Beginn der 50er Jahre errichtete Ernst Schwadron sein eigenes Haus in der Nähe von New York, das er – da es ihm schwer fiel, sich vom österreichischen Milieu zu lösen – „Klein Österreich“ nannte (fig. 9).

Wegen seiner jüdischen Abstammung emigrierte Walter Sobotka im Juli 1938 in die Vereinigten Staaten. Als fünfzigjähriger wagte Sobotka notgedrungen einen beruflichen Neuanfang als Möbelentwerfer der Firma Thonet in New York. Die Einrichtung eines Appartements war 1940 sein erster selbständiger Auftrag (S. 118, 119). Wie mehrere seiner Leidens- und Berufskollegen, beispielsweise Wilhelm Baumgarten und Ernst Lichtblau, wurde er von einer amerikanischen Universität zur Lehrtätigkeit eingeladen. Er übersiedelte daher nach Pittsburgh, wo er 1941 in der Architekturabteilung der Universität als Assistent für Kunstgewerbe und Textilien zu arbeiten begann. Nach dem Krieg statte er unter anderem zahlreiche

thereafter he founded a joint venture with the American designer Elsie Krummeck. After a series of commissions, Victor Gruen moved in 1940 to Los Angeles with his company, as he had been assigned to convert new salesrooms for a department store chain. In 1947 he received an order that would have consequences for him, namely, the erection of a metropolitan department store. The tremendous success of the two-storey building with a parking lot on the roof led to a series of similar commissions. With his new company "Victor Gruen Associates", which at times had 300 employees, in the 1950s he developed large shopping centres, and today he is credited with their invention.

fig. 8

Ernst Schwadron (p. 114ff.), as he had Jewish roots, had already emigrated in March 1938 to New York, where he became head designer of the company Rena Rosenthal. For this company, Schwadron developed interior designs and shop window displays. In 1943, the watershed of the Second World War, he was involved in the adaptation of the gas tanks of the American army for peaceful purposes. In the following year, 1944, he and his company "Ernst Schwadron Inc." were able to become independent. Together with his professional colleague Leopold Kleiner, who also came from Vienna, he designed the offices of the "American Canyon Company" in Rockefeller Center (p. 117). In the early 1950s he erected his own house near New York, which he named "Little Austria", as it was difficult for him to free himself from the Austrian milieu (fig. 9).

Due to his Jewish ancestry, Walter Sobotka emigrated to the United States in July, 1938. Already in his fifties, Sobotka of necessity risked a professional new start as a furniture designer for the Thonet Company in New York. His first independent commission was the interior design of an apartment in 1940 (p. 118, 119). As was the case with a number of his emigré colleagues in the same profession, such as for example Wilhelm Baumgarten and Ernst Lichtblau, he was invited to teach at an American university. He therefore moved to Pittsburgh, where in 1941 he started work as an Assistant for Applied Arts and Textile Design in the Department of Architecture at the university. After the war he outfitted the RKO cinema franchise, amongst numerous other casinos. Even after his retirement, the Weiner House and the Stern Office were constructed in Pittsburgh.

fig. 9

Spielstätten der RKO-Kinokette aus. Noch nach seiner Pensionierung entstand in Pittsburgh das Haus Weiner und das Büro Stern.

Nachkriegsarchitektur bis 1950. In den fünf Jahren nach dem Ende des großen Krieges, von 1945 bis 1950, erscheint aus heutiger Sicht die Situation der Architektur in Österreich als besonders trostlos: Starke, innovative Architektenpersönlichkeiten wie Josef Frank, Victor Gruen, Clemens Holzmeister, Friedrich Kiesler, Ernst Lichtblau, Walter Loos, Richard Neutra, Ernst Anton Plischke, Rudolph Schindler und Oskar Wlach waren entweder aus wirtschaftlichen Gründen schon in den zwanziger Jahren, oder aus Gründen ihrer Verfolgung in den dreißiger Jahren, ausgewandert und kehrten auch nach dem Ende des Krieges nicht (oder zumindest nicht sofort) zurück nach Österreich – auch deshalb, weil sie von den Vertretern der neu gegründeten Republik nicht dazu eingeladen wurden. Für die in der NS-Zeit in Österreich verbliebenen Architekten wie Erich Boltenstern, Max Fellerer, Oswald Haerdtl, Josef Hoffmann, Otto Niedermoser, Franz Schuster, Siegfried Theiss und Lois Welzenbacher, von denen sich einige dem NS-Regime aus einer opportunistischen Grundeinstellung heraus angedienert hatten, waren in formaler Hinsicht die Jahre unter der Diktatur Jahre des Stillstands gewesen. Durch die Isolierung des Deutschen Reiches waren sie von den internationalen Entwicklungen der Architektur ausgeschlossen gewesen.

fig. 10

Ottokar Uhl lässt in seinem wegweisenden Buch über die Wiener Architektur für den hier zu besprechenden Zeitraum einzig und allein das 1948–1950 von Max Fellerer und Eugen Wörle errichtete Strandbad Gänsehäufel (S. 122, 123) als ein Bauwerk gelten, das den Maßstäben von 1966 (das Jahr, in dem das Buch erschien) genügte. Die Anlage ist nicht nur auf Grund ihrer formalen Gestaltung sondern auch infolge der sichtbaren Stahlbetonkonstruktionen von bemerkenswerter Modernität für ihre Entstehungszeit. Heute, rund 60 Jahre später, würden wir noch den Sonderkindergarten Schweizer Spende, den Franz Schuster 1947–1949 im Park vor dem Technischen Museum in Wien errichtete (fig. 10, S. 125) und das Zweifamilienhaus in der Wiener Haitzingergasse 36, das 1949 nach Plänen von Oswald Haerdtl erbaut wurde (S. 136), zu den bemerkenswerten Bauten dieser Epoche zählen.

Post war architecture until 1950. In the five years after the end of the war, from 1945 until 1950, the situation of Austrian architecture appears to be particularly bleak viewed from today's perspective: powerful, innovative personalities in architecture, such as Josef Frank, Victor Gruen, Clemens Holzmeister, Friedrich Kiesler, Ernst Lichtblau, Walter Loos, Richard Neutra, Ernst Anton Plischke, Rudolph Schindler and Oskar Wlach had emigrated either due to economic reasons already in the 1920s or due to being persecuted in the 1930s, and did not return after the end of the war – or at least not immediately; in addition, they were not invited back by the representatives of the newly founded Republic. For those architects who stayed in Austria during the Nazi period, such as Erich Boltenstern, Max Fellerer, Oswald Haerdtl, Josef Hoffmann, Otto Niedermoser, Franz Schuster, Siegfried Theiss and Lois Welzenbacher, some of whom had offered their services to the Nazi regime due to opportunistic reasons, the years under the dictatorship became, from a formal viewpoint, years of stagnation. Due to the isolation of the German Reich, these architects were excluded from international developments in architecture.

In his pioneering book about Viennese architecture in the period under discussion here, Ottokar Uhl allowed that only one structure erected between 1948–1950 fulfilled the standards of 1966 (the year in which the book appeared) – namely, the bathing establishment Gänsehäufel built by Max Fellerer and Eugen Wörle (p. 122, 123). The establishment is notably modern for the time of its origin, not only due to its formal design but also due to the visible ferroconcrete construction. Today, approximately 60 years later, we would also include the special kindergarten Schweizer Spende, built by Franz Schuster between 1947–1949 in the park in front of the Technical Museum in Vienna (fig. 10, p. 125) and the two-family house at the Wiener Haitzingergasse 36, built in 1949 based on plans by Oswald Haerdtl (p. 136), amongst the notable buildings of that epoch.

The most important construction projects in the first years after the war, however, were the housing projects for the masses. Just a few months after the end of the war, the young Second Republic began rebuilding, under extremely difficult economic conditions. It would take years before the economic situation improved. In his book, Uhl regrets the fact that in Vienna at the time, the possibilities were not exploited for a large-scale rebuilding according to new urban planning, sociological, hygienic and, not least, architectonic aspects. Since there had been no large scale areal destruction

Die wichtigste Bauaufgabe in den ersten Nachkriegsjahren war aber der Massenwohnungsbau. Bereits wenige Monate nach Kriegsende begann die junge Zweite Republik unter größten wirtschaftlichen Schwierigkeiten mit dem Wiederaufbau. Es sollte Jahre dauern, bis sich die wirtschaftliche Situation wieder normalisierte. Uhl bedauert in seinem Buch, dass in Wien damals die Möglichkeiten eines großzügigen Wiederaufbaus nach neuen städtebaulichen, soziologischen, hygienischen und nicht zuletzt architektonischen Gesichtspunkten nicht ausgenützt wurden. Da es in der Bundeshauptstadt keine Flächenzerstörungen gegeben hatte, war man nicht gezwungen, städtebauliche Probleme durchzudenken. Überwiegend beschränkte man sich – ohne große Gesamtplanungen – auf die Schließung von Baulücken. Franz Schuster, der vor dem Krieg einer der Pioniere der Gartenstadtbewegung und während des Kriegs wiederholt auch für das NS-Regime in führenden Positionen tätig gewesen war (z. B. Umgestaltung des II. Bezirkes mit monumentalem Gauforum, maßgebliche Beteiligung bei den Neubesetzungen in der Kunstgewerbeschule sowie auch bei deren Umgestaltung in die „Reichshochschule für angewandte Kunst", Volkswohnbau in Wien V, ab 1941 Gauheimstättenamtsleiter für den Gau Wien usw.) wurde nach 1945 Konsulent der Stadt Wien für städtebauliche und architektonische Fragen. In dieser Funktion entwickelte er das sogenannte „Wiener Schnellbauprogramm", das maßgeblich für den kommunalen Wohnbau der Nachkriegszeit wurde. Er selbst realisierte unter anderem 1947–1951 die von ihm in der NS-Zeit geschaffenen Pläne für die Per Albin Hanson-Siedlung am Wiener Laaer Berg (fig. 11).

Schon im Jahr 1939 präsentierten Erwin Fabrici, Georg Lippert, Fritz Purr und Paul Widmann die Pläne für jenes Projekt, das 1948 schließlich als „Hugo-Breitner-Hof", Wien XIV, Linzerstraße 299-325, dem ersten großen Bauvorhaben der Stadt Wien nach dem Krieg, verwirklicht wurde (fig. 12).

Wiederaufbau. Neben dem Wohnbau war die in jeder Beziehung aufwendige Rekonstruktion einiger staatlicher Symbole für die politische und kulturelle Identität der wiederauferstandenen Republik von größter Bedeutung: der Wiener Stephansdom (Helene Koller-Buchwieser, Karl Holey und andere, 1945–1960), die Staatsoper (Erich Boltenstern, 1949–1955) und das Burgtheater (Michel Engelhart, 1951–1955).

An der hier geschilderten Gesamtsituation sollte sich bis weit in die zweite Hälfte der fünfziger Jahre hinein nichts Wesentliches ändern.

in the capital city, there was no necessity to think though problems of urban planning. Instead, rebuilding was primarily limited – without an overall planning concept – to the infill development of empty sites. After 1945, Franz Schuster became Councilor of the City of Vienna for issues of urban planning and architectonic questions. Before the war, Schuster had been a pioneer of the garden city movement, and during the war was repeatedly active on behalf of the Nazi regime in leading positions (for example, the redesign of the second district with a monumental district forum; decisive participation in the new positions at the School of Applied Arts as well as in its redesign as the "Reich School for Applied Arts"; housing for the people in the fifth district; and after 1941 District Homestead Head Official for the District of Vienna, etc.). In his post-war function, Schuster developed the so-called "Vienna Rapid Construction Programme", which was decisive for communal residential building for the period after the war. He himself, amongst other projects, brought into being between 1947–1951 the Per Albin Hanson housing complex at the Vienna Laaer Berg, based on plans created by him during the Nazi era (fig. 11). In 1939 already, Erwin Fabrici, Georg Lippert, Fritz Purr and Paul Widmann presented the plans for the project, that should finally be realized in 1948 as "Hugo-Breitner-Hof", Linzerstraße 299-325. It was the first realized large building project of the municipality of Vienna after the war (fig. 12).

Reconstruction. In addition to residential construction, the reconstruction – elaborate in every respect – of certain civic symbols was of great significance for the political and cultural identity of the reborn Republic: St. Stephen's Cathedral (Helene Koller-Buchwieser, Karl Holey and others, 1945–1960), the State Opera (Erich Boltenstern, 1949–1955) and the Burgtheater (Michel Engelhart, 1951–1955). The general situation depicted here did not change substantially until well into the second half of the 1950s.

fig. 11

fig. 12

Rainald Franz

Österreichisches Kunstgewerbe und Design 1940–1950

Die Dekade 1940–1950 im österreichischen Kunstgewerbe und Design und ihre ProtagonistInnen sind geprägt von den politischen Erschütterungen und Bruchlinien, den Gesellschaftsveränderungen von der Monarchie zur Ersten Republik, zum „austrofaschistischen" Ständestaat, zum Nationalsozialismus und zur Zweiten Republik in weniger als einer Generation. Neben Karrieren, die von einem konsequenten Arrangement mit den jeweils Mächtigen geprägt wurden, muss auch das Werk der unter den schwierigen sozialen Bedingungen der Flucht und des Exils kreativen, politisch bewussten EntwerferInnen und KunsthandwerkerInnen in den Blick genommen werden. Erst in der vergleichenden Übersicht der grundverschiedenen Konzepte, wie mit den radikalen politischen Umbrüchen und Bedrohungen der Zeit umzugehen ist, entsteht ein Gesamtbild dessen, was Kunstgewerbe und Design in dieser Dekade waren und hätten sein können. Den Unpolitischen, Opportunisten und Mitläufern, die die Herrschaft des Nationalsozialismus in Österreich überlebten, um nach 1945 wieder zur Stelle zu sein und die Zweite Republik in ihrer Formfindung mitzuprägen, stehen die Kritiker, die Visionäre und Vertriebenen gegenüber, deren Werk zeigt, was die reife Moderne in Österreich in Raumgestaltung und Entwurf vermocht hätte, wäre ihr Wirken nicht vom seit 1934 aufsteigenden Totalitarismus und Nazismus unmöglich gemacht worden.

Die in Österreich verbliebenen ArchitektInnen, EntwerferInnen und KunsthandwerkerInnen waren seit dem „Anschluss" im März 1938 durch die Zwangsmitgliedschaft in der Reichskammer der bildenden Künste, im Bund deutscher Architekten und deutscher Kunsthandwerker der Gleichschaltung unterworfen worden. Wer den Organisationen nicht angehörte, hatte keine Chance auf öffentliche Aufträge und Ausstellungen.

1941 war die „Staatliche Kunstgewerbeschule in Wien" in „Reichshochschule für angewandte Kunst" umbenannt worden. Oswald Haerdtl übernahm an der Kunstgewerbeschule die „Abteilung für gewerblichen und industriellen Entwurf" und sicherte eine Kontinuität der Lehre der Wiener Raumkunst im

Austrian Applied Arts and Design 1940–1950

The decade 1940–1950 in Austrian applied arts and design, and their protagonists, is marked by the political shocks and fractures related to the social upheavals in the transformation from the Monarchy to the First Republic, to the Austro-fascist corporative state, to National Socialism and to the Second Republic all occurring in the space of less than a single generation. In addition to the careers which were affected by a systematic arrangement with those currently in power, the work created under the difficult social conditions of escape and exile by creative, politically aware designers and craftspeople must also be taken into account. Only by means of a comparative overview of the fundamentally different concepts regarding how one dealt with the radical political upheavals and intimidations of the time can a total picture emerge of what applied arts and design in this decade were, and what they might have been. Against the non-political, the opportunists and the hangers-on who survived the rule of the Nazis in Austria in order to take up their posts again and to have a say in the form of the Second Republic, stood the critics, the visionaries and the expelled whose work reveals what mature Modernity in Austria in interior decoration and design could have achieved, had its workings not been made impossible by the increasing totalitarianism and Nazism since 1934.

The architects, designers and craftspeople who stayed in Austria after the annexation in March 1938 were subjugated to enforced political conformity due to the compulsory membership in the "Reichskammer" of Fine Arts and in the Association of German Architects and German Craftsmen. Those who did not belong to these organisations had no chance of public commissions and exhibitions.

In 1941, the "State School of Arts and Crafts in Vienna" was renamed the "Reichs College for Applied Arts". Oswald Haerdtl took over the "Department for Applied and Industrial Design" at the School of Arts and Crafts, and secured continuity with the teaching of Viennese interior design in accordance with Oskar Strnad, teaching which had its roots in the achievements of Internationalism in the 1930s.

Sinne Oskar Strnads, die in den Errungenschaften des Internationalismus der dreißiger Jahre wurzelte, während Franz Schuster als direkter Nachfolger Josef Hoffmanns am Lehrstuhl in der Klasse die Auseinandersetzung mit dem Sozialmöbel im Sinne der Nationalsozialisten weiterbetrieb. Auch die Modeklasse Eduard Wimmer-Wisgrills oder die „Werkstätte für Innenarchitektur und Möbelbau" unter Carl Witzmann wurden von ihren Leitern durch den Nationalsozialismus bis in die Zweite Republik geführt.
Dabei sollte Österreich im Konzept der Nationalsozialisten für ihr Drittes Reich die Rolle der Kulturregion übernehmen. Wiener Stil sollte zu einer Marke werden. Karl Pawek schreibt in „Die Pause" 1941 über den Wiener Stil: „...Wer nach Wien kommt und dem Zauber dieser Stadt sich hingibt, erlebt eine seelische Umstellung. Die innere Lebensweise ist hier eine andere: die Stärke des wienerischen Gemütes liegt im bewussten Empfinden. Das weiß auch der Mann, der anderswo auf das Denken und Handeln so konzentriert ist, daß er sich nie den Luxus leistet, die Empfindung zu leben. In Wien sucht er Stimmung, das heißt er will bewusst empfinden." Wien wird hier also als sentimentaler Rückzugsort vor dem Rationalismus der Machtmaschine des Nationalsozialismus dargestellt.
Josef Hoffmann wurde 1941, einundsiebzigjährig, unter dem nationalsozialistischen Bürgermeister Wiens, Herrmann Neubacher, und Reichstatthalter Baldur von Schirach, Sonderbeauftragter des Kulturamtes für die künstlerische Neubildung des Wiener Kunsthandwerks. In der Ära des sogenannten Ständestaates kaum mehr mit Aufträgen bedacht und 1937 gegen seinen Willen emeritiert, ließ sich Hoffmann nach der Machtübernahme der Nazis in Österreich 1938 instrumentalisieren. Im Rahmen der nationalsozialistischen Kulturpolitik war der international renommierte Hoffmann ein willkommenes Aushängeschild. Neben dem Auftrag zur Errichtung des „Hauses der Wehrmacht" (siehe Band 1930–1940, S. 16) und des „Hauses der Mode" (siehe Band 1930–1940, S. 150, 152, fig. 13) sollte er ein neues Kunstgewerbe im Sinne der Machthaber initiieren (fig. 14). Für das Naziregime blieb Hoffmann aber als „judenfreundlich" bekannt und er „habe abfällige Bemerkungen über das Regime gemacht", wie es in einem Akt von Josef Goebbels heißt. Hoffmanns Ideal wurzelte bis zuletzt in dem Streben der Secessionisten nach der ästhetischen Überhöhung des Alltags durch die Kunst. Er selbst formulierte es unter dem Titel „Das kommende Wiener

fig. 13

Meanwhile, Franz Schuster, the direct successor of Josef Hoffmann as professor in the class, carried on the debate regarding social furnishings in accordance with the wishes of the National Socialists. The fashion design class of Eduard Wimmer-Wisgrill or the "Workshop for interior architecture and furniture design" under Carl Witzmann were also continued by their directors through National Socialism into the Second Republic.
In the process, Austria, in the concept of the National Socialists for the Third Reich, should take over the role of the region associated most closely with culture. Viennese style should become a brand. In 1941, Karl Pawek wrote in the "The Pause" about Viennese style: "...Whoever comes to Vienna and gives himself up to the magic of this city, experiences a spiritual conversion. The inner way of life here is different: the strength of the Viennese disposition lies in conscious feeling. This is also known to the man who elsewhere is so concentrated on thinking and dealing, that he never allows himself the luxury of feeling. In Vienna he searches for spirit, meaning, he wants consciously to feel." Vienna is represented

fig. 14

fig. 15

Kunsthandwerk" als „ewigen Traum des Daseins in Schönheit, Güte und Harmonie" (Die Pause, 1941). Illustriert werden seine Ausführungen mit Objekten, die von Alfred Soulek (Möbel, fig. 15), Julius Zimpel (Glas), Carl Auböck (Holzarbeiten, S. 47), Eleonore Zanoskar (Gebrauchsmetall in Email, fig. 16), Lotte Hahn (Textilien) entworfen und von Firmen wie J. & L. Lobmeyr ausgeführt wurden. Allesamt hatten sie schon in der Zeit des Bestehens der „Wiener Werkstätte" mit Josef Hoffmann gearbeitet. „Einen

fig. 16

here, therefore, as a sentimental safe haven from the rationalism of the machinery of power of National Socialism.

Josef Hoffmann. In 1941, at the age of 71, Josef Hoffmann became Special Commissioner of the Cultural Office for artistic restructuring of Viennese handicrafts, under the National Socialist mayor of Vienna, Hermann Neubacher, and the Reich governor Baldur von Schirach. Scarcely given any commissions in the era of the corporative state, and made to retire against his will in 1937, Hoffmann allowed himself to be exploited after the Nazis took over power in 1938. Within the framework of Nazi cultural politics, the internationally renowned Hoffmann was a welcome figurehead. In addition to the commissions to construct the "Armed Forces House" (see Volume 1930–1940, p. 16, fig. 13) and the "House of Fashion" (see Volume 1930–1940, p. 150, 152, fig. 14) he was also supposed to initiate a new form of applied arts in the interests of those in power. For the Nazi regime, however, Hoffmann was viewed as "friendly to Jews", and he "had made snide remarks about the regime", as recorded in a file of Josef Goebbels. Hoffmann's ideal had its roots until the end in the striving of the Secessionists towards the idealization of daily life by means of the arts. He himself formulated it under the title "The upcoming Viennese handicrafts" as a "perpetual dream of existence in beauty, benevolence and harmony" ("The Pause", 1941). His designs were illustrated with objects which were designed by Alfred Soulek (furniture, fig. 15), Julius Zimpel (glass), Carl Auböck (woodwork, p. 47), Eleonore Zanoskar (enamelled metalwork, fig. 16) and Lotte Hahn (textiles), and which were implemented by companies such as J. & L. Lobmeyr. All of these had worked with Josef Hoffmann during the period of existence of the Wiener Werkstätte. "A social distinction between high arts and applied arts must never again exist. It would be a decline of the essence of every creative configuration," wrote Hoffmann. The furniture prototypes that Karl Witzmann and Franz Schuster were to develop for the exhibition "German Household Goods" (1941) fulfilled the requirements of a "natural living culture"; they therefore contributed their share towards a totalitarian form, with which the Nazis attempted to annex tradition and to assign to it a particular significance, ideally that of naturalness.

–The Vienna Arts and Crafts Association, whose logo even appeared distantly based on the "WW",

Rangunterschied zwischen hoher und angewandter Kunst darf es nie mehr geben. Es wäre ein Verkommen des Wesens jeder schöpferischen Gestaltung" schreibt Hoffmann. Die Mustermöbel, die Carl Witzmann und Franz Schuster für die Ausstellung „Deutscher Hausrat" (1941) entwickeln sollten, entsprachen der Forderung nach einer „natürlichen Wohnkultur" und haben damit ihren Beitrag zur totalitären Form geleistet, mit der die Nationalsozialisten versuchten, die Tradition zu annektieren und mit besonderer Bedeutung, vorzüglich der Natürlichkeit, zu belegen.
Der Wiener Kunsthandwerkverein, dessen Logo sogar entfernt an das „WW" angelehnt erscheint, veranstaltet im selben Jahr eine Sonderschau mit Unterstützung der Stadt Wien. In der Ideologie der Nazis sollte das Kunstgewerbe Österreichs einer neuen Heimeligkeit dienen. Hannes Sanders schreibt unter dem Titel „Heimgestaltung" in „Die Pause" gegen die Massenware an, sieht in der Jahrhundertwende den Beginn des „Wegstrebens von der Geselligkeit im häuslichen Kreis". Der „Öffentlichkeit als zusammenhangloses Nebeneinander genusssüchtiger und egoistischer Einzelindividuen" soll eine „Neuausrichtung und Umschichtung der Volksgemeinschaft entgegengestellt" werden. Zum Schmuck des Heims „...das immer der besondere Bereich der Frau ist, die es versteht, in unermüdlicher, liebevoller Kleinarbeit den Dingen in ihrem Wirkungskreis ein persönliches Gepräge zu geben" soll Handwerk in „Schlichtheit und Natürlichkeit mit Rohstoffen aus einheimischen Quellen" genutzt werden. Der durch und durch reaktionären Ideologie entsprechend, beruft man sich auf Vorbilder der Bauernmöbel, des Barock und Biedermeier (fig. 17, 18, S. 60, 61). Neben schwerfällig wirkende neobäuerliche Möbel, die auch Herrmann Görings protzigen Landsitz Karinhall schmücken könnten, treten die feinen Glasentwürfe Josef Hoffmanns für die Lausitzer Glaswerke. Ihre Überhöhung erfährt die rückwärtsgewandte Kunstgewerbeideologie in Fotos, die Mädchen in den BDM-Kursen der Wiener Frauen-Akademie (fig. 19) zeigen, die Spanschachteln mit Bauernblumen und Nazi-Runen bemalen und ihre Brauttruhen selbst gestalten (S. 78).
Die Vertreibung von Felix Augenfeld, Jacques Groag, Ernst Lichtblau, Walter Loos, Ernst Plischke, Walter Sobotka, Oskar Wlach, Ernst Schwadron und der Weggang von Margarete Schütte-Lihotzky, Josef Frank, Josef Urban, Paul Theodore

fig. 17

organised a special show in the same year with the support of the city of Vienna. In the ideology of the Nazis, Austrian handicrafts should serve the needs of a new "cosiness." In "The Pause", Hannes Sanders wrote under the title "Home Design" against mass-produced wares, and saw the beginnings of the "striving away from folksiness in the domestic sphere" at the turn of the century. Against the "public sphere as an incoherent juxtaposition of hedonistic and egotistic individuals" should be "counterposed a realignment and regrouping of the people's

fig. 18

fig. 19

Frankl, Wolfgang Hoffmann, Rudolf Schindler, Friedrich Kiesler, Bernard Rudofsky, Rudolf Neutra, Victor Gruen und Josef Binder bedeutete de facto das Ende der Wiener Schule, deren Mitglieder sich in alle Erdteile zerstreuten. Schon Friedrich Achleitner hat festgestellt, dass dadurch Wien praktisch sein gesamtes intellektuelles und progressives Architektenpotenzial verloren hatte. Einige arbeiteten auch im Exil fast ausschließlich für österreichische Emigranten, andere fanden den Anschluss an die internationale Moderne. Josef Frank lehrte ab 1942 an der New School for Social Research in New York, entwarf aber weiterhin Stoffe und Möbel für das schwedische Einrichtungshaus Svenskt

fig. 20

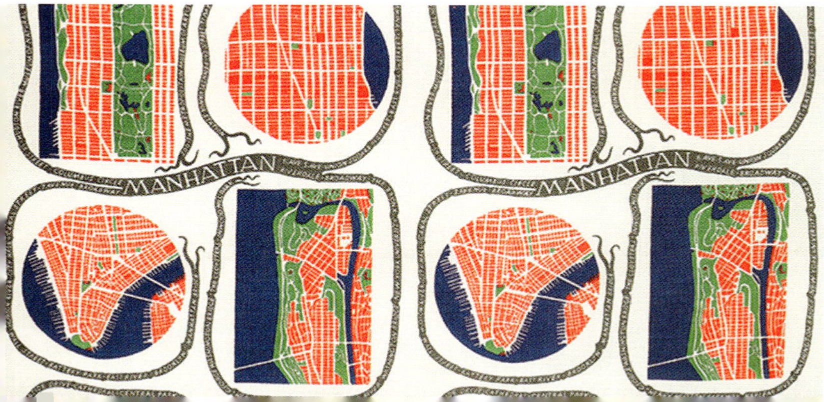

community." In order to adorn the home, "....which is always the particular domain of woman, who understands how to bestow a personal character to the objects in her sphere of activity painstakingly, tirelessly and affectionately", crafts should be used in "simplicity and naturalness, with raw materials from indigenous sources". In keeping with the completely reactionary ideology, role models from rustic furniture, Baroque and Biedermeier (fig. 17,18, p. 60, 61) were invoked. Next to stolid neo-rustic furniture, which also could have decorated Herrmann Göring's pretentious country estate at Karinhall, are the fine designs in glass by Josef Hoffmann for the Lausitz glassworks. The reactionary arts and crafts ideology experienced its idealization in photos which show girls in the League of German Girls of the Viennese Women's Academy (fig. 19) painting boxes with rustic flowers and Nazi runes, and designing their bridal chests themselves (p. 78).

The expulsion of Felix Augenfeld, Jacques Groag, Ernst Lichtblau, Walter Loos, Ernst Plischke, Walter Sobotka, Oskar Wlach, Ernst Schwadron and the departure of Margarete Schütte-Lihotzky, Josef Frank, Josef Urban, Paul Theodore Frankl, Wolfgang Hoffmann, Rudolf Schindler, Friedrich Kiesler, Bernard Rudofsky, Rudolf Neutra, Victor Gruen, and Josef Binder signified the *de facto* end of the Vienna School, whose members were now dispersed to all corners of the world. Friedrich Achleitner had already determined that thereby Vienna had lost practically its entire intellectual and progressive architectural potential. Some of these individuals worked even in exile almost exclusively for Austrian emigrants, and others found an affiliation to International Modernism. After 1942, Josef Frank taught at the New School for Social Research in New York, but kept on designing fabrics and furniture for the Swedish furnishing house Svenskt Tenn (fig. 20, 21); his lectures carried the title "The Future of Architecture and Interior Decoration". Frank's foreword to his lectures, prepared for publication in book form, can be taken as a counterpoint to the Nazis' move towards stereotypical forms cited earlier from "The Pause". He wrote, "It would never have occurred to Titian and Rembrandt that the rooms in which their paintings should hang must be decorated in a particular style. Today's painter (i.e. Fernand Leger) in fact postulates that the wishes of all others must be sublimated to his decorations. Individuality is sacrificed to a 'higher purpose'. What this actually means is that we are approaching the moral code

Tenn (fig. 20, 21). Seine Vorlesungen trugen den Titel „The Future of Architecture and Interior Decoration“. Wie eine Contraposition zum vorher aus „Die Pause“ zitierten Zug der Nazis zur Vermassung kann Franks Vorwort zu seinen für die Erscheinung in Buchform, aufbereiteten Vorlesungen gedeutet werden, wenn er schreibt: „Tizian und Rembrandt wäre es niemals in den Sinn gekommen, daß der Raum, in dem ihre Bilder hängen sollten, in einem bestimmten Stil gehalten werden müsste. Der heutige Maler (i.e. Fernand Leger) fordert in der tat, daß die Wünsche aller anderen Menschen seinen Dekorationen untergeordnet werden müssen. Der Individualismus wird einem ‚höheren Ziel‘ geopfert. Eigentlich bedeutet das, daß wir uns dem Moralkodex der Nazis nähern.“
Während Blut- und Bodenmöbel in Österreich vorherrschen, entwickelt Walter Sobotka Metallgartenmöbel und unterrichtet in Pittsburgh, Felix Augenfeld stattet die gehobenen New Yorker Einrichtungshäuser und die American Chair Company mit Entwürfen aus, Ernst Lichtblau entwickelt reduzierte Möbel aus Aluminium und Eichenholz und unterrichtet an der Rhode Island School of Design, Ernst Schwadron richtet 1945 zusammen mit Leopold Kleiner das Geschäftslokal der American Crayon Company im Rockefeller Center ein (S. 117). Andere wie Oskar Wlach konnten im Exil aber an ihre Erfolge in Wien nicht mehr anknüpfen und starben verarmt. Kunsthandwerkerinnen wie beispielsweise Lucie Gompertz-Rie wurden im englischen Exil zu den entscheidenden Trägern der Kunstkeramik nach dem Zweiten Weltkrieg.
Der „Neubeginn“ in Österreich im Bereich des Kunsthandwerks und Designs nach dem Zusammenbruch des Naziregimes 1945 wurde in den entscheidenden öffentlichen Positionen nach einer inkonsequenten Phase der Entnazifizierung von den Protagonisten getragen, die schon 1938–1945 bestimmend gewirkt hatten. Nach 1945 war Hoffmann überwiegend mit ehrenamtlichen Tätigkeiten – wie der Präsidentschaft der Secession oder der Kommissionsleitung der Biennale in Venedig – befasst und erhielt kaum bemerkenswerte Bau- und Gestaltungsaufträge. Doch auch nach 1945 ist Hoffmann wieder Vater- und Integrationsfigur, der sogar von unter Verfolgung durch die Nationalsozialisten Leidenden, wie Hans Ankwicz-Kleehoven, als „Erneuerer des österreichischen Kunsthandwerks“ in den neuen Kulturzeitschriften der Zweiten Republik gefeiert wird (Kunst ins Volk, Heft 3, 1949).

fig. 21

of the Nazis.” While „blood and soil“-furniture was the norm in Austria, Walter Sobotka developed metal garden furniture and taught in Pittsburgh, Felix Augenfeld provided designs for the upscale interior design stores in New York and the American Chair Company, Ernst Lichtblau developed minimal furniture out of aluminium and oak and taught at the Rhode Island School of Design, and Ernst Schwadron and Leopold Kleiner fitted out the store of the American Crayon Company in the Rockefeller Center in 1945 (p. 117). Others such as Oskar Wlach were not able to continue the success in exile that they had enjoyed in Vienna, and died impoverished. Female artists such as, for example, Lucie Gompertz-Rie became, in exile in England, decisive proponents of artistic ceramic ware after the Second World War.
The “New Beginning” in Austria in the area of arts and crafts, and design, after the collapse of the Nazi regime in 1945 was carried out in the decisive public arenas – after an inconsequential phase of “de-Nazification” – by the protagonists who had already played a determining role from 1938–1945. After 1945, Hoffmann was mainly occupied with honorary activities, such as the Presidency of the Secession or the Leadership of the Commission for the Biennale in Venice, and received scarcely any notable architectural or design commissions. Yet also after 1945 Hoffmann was a father-figure and symbol of integration, who was celebrated in

Oswald Haerdtl. Hoffmanns ehemaliger Assistent veranstaltet schon einen Monat nach Kriegsende im Juni 1945 die erste Ausstellung in den Österreichischen Werkstätten und organisiert mehrere Handelskammerausstellungen für Paris und Mailand. Als Lehrender an der „Akademie für angewandte Kunst, Wien" (sic) analysiert er 1947/1948 in der Zeitschrift für österreichische Kultur „Der Turm" (2. Jg, Heft 11/12) den „Neuen Kunstgewerbestil": Im mit Fotos von Möbeln von Max Welz, Gläsern von L. C. Lobmeyer und einer getriebenen Messingvase von Josef Kyral nach Josef Hoffmann sowie Augarten Porzellan nach Entwurf von Ena Rottenberg illustrierten Text, kommt die Periode des Nationalsozialismus nicht vor. „Aus der Schule der Künstler (das sind Josef Frank, Dagobert Peche, Otto Lendecke, Eduard Wimmer Anm. des Verfassers), von denen nur die wichtigsten angeführt wurden, ist eine große Zahl jüngerer Kräfte hervorgegangen, welche sich kontinuierlich mit den Fragen künstlerischer Gestaltung der Dinge des Alltags befassen und durch ihre Tätigkeit einen nicht wegzudenkenden Einfluß auf die Entwicklung nehmen." Programmatisch dann die Aussage: „Daß formschöpferische Gestaltung nur im Geiste unserer Zeit möglich ist, ist eine Naturgegebenheit. Der moderne Stil, Ausdruck der geistigen Strömungen unserer Zeit ist existent, die moderne Kunst ist der Stil der Demokratie." (fig. 22)

Und Oswald Haerdtl, der auch zu einem der bestimmenden Gestalter im Nachkriegsösterreich werden sollte (fig. 23), stellt die Frage: Wie wird sich das österreichische Kunstgewerbe in den nächsten Jahren entwickeln?" Haerdtl wünscht sich „von der

K U N S T D E R Z E I T

OSWALD HAERDTL
Akademie für angewandte Kunst, Wien

Der neue Kunstgewerbestil

Der Ruf des in der ganzen Welt geschätzten österreichischen Kunstgewerbes findet seine Begründung in der Tatsache, daß Wien durch viele Jahrhunderte ein Zentrum europäischen Kulturwillens war und daß Wien neben Paris durch eine noch nicht lange hinter uns liegende Zeitspanne tonangebend für die Entwicklung des Geschmackes war. War doch die Hauptstadt Österreichs als Residenz der Habsburger und Sitz der zentralen Staatsgewalt und des hohen Klerus lange Zeit nicht nur ein politischer Machtfaktor ersten Ranges, sondern auch ein Kulturzentrum, das im Verlauf der historischen Entwicklung die hervorragendsten Vertreter des Geburts- und Geistesadels nicht nur aus den Gebieten der habsburgischen Hausmacht, sondern aus ganz Europa an sich zog.

Der Kaiserhof, der hoffähige Adel, der hohe Klerus waren aus Gründen der Repräsentation bedeutende Auftraggeber für das Handwerk und insbesondere für Künstler und das künstlerisch qualifizierte Handwerk. Dadurch, daß die bedeutendsten europäischen geistigen und künstlerischen Kräfte nach Wien strömten und für das europäische Kulturschaffen zu den umfangreichen Bauaufgaben namhafte Künstler und Gelehrte heranzogen, entstanden Werke, die mitbestimmend waren. Diese verhältnismäßig lange Periode war von nachhaltigem Einfluß auf die Entwicklung des heimischen Gewerbes und Kunstgewerbes. Man braucht nur an die umfangreichen Palast- und Kirchenbauten des Barocks zu denken, die nicht nur den Bauhandwerkern Arbeit gaben, sondern auch die dazu herangezogenen Künstler mit universellen Aufträgen versorgten.

Die für den Innenausbau notwendigen Schreiner-, Schmiede-, Schlosser- und Vergolderarbeiten gaben den einschlägigen Gewerbsleuten größte Entwicklungsmöglichkeiten.

Auch die folgende Zeitspanne, Empire und Biedermeier, war für das Kunstschaffen von großer Bedeutung, da sie nicht nur den Künstlern, sondern auch den Handwerkern Entfaltungsmöglichkeiten gegeben hat. Die umfangreichen Kunstsammlungen in Österreich, insbesondere in Wien, sind ein Zeugnis von europäischem Niveau nicht nur für das österreichische Kunstschaffen, sondern auch für die universelle Einstellung der Besitzer. Die Sammlungen in Wien, die in einer Geschlossenheit wie nur in wenigen Städten Europas bestehen, haben nachhaltigen Einfluß auf die Geschmackbildung gehabt.

Die beginnende Industrialisierung hat die Tradition dieses Auftraggeberkreises fortgeführt, und man braucht nur an die Epoche der Wiener Stadterweiterung zu denken, um zu verstehen, daß auch dieser Abschnitt äußerst fruchtbar für die Entfaltung des künstlerischen und handwerklichen Schaffens in Wien war. Diese Entwicklung hat wohl mit dem Ende des ersten Weltkrieges einen Abschluß gefunden. Die tüchtigen und tätigen Kräfte, tief verwurzelt mit Österreich, blieben erhalten, wie auch das handwerkliche Können der Wiener Gewerbetreibenden, das auf eine jahrhundertealte Tradition zurückblicken konnte.

So ist es auch zu verstehen, daß nach dem Jahre 1918 der kulturelle Einfluß Wiens weit über den Rahmen des politischen Einflusses Österreichs hinausging.

Die um die Mitte des vorigen Jahrhunderts beginnende Überleitung der handwerklichen Betriebe in industrielle findet ihre Begründung in dem ständigen Bevölkerungszuwachs und der damit stets steigenden Nachfrage, deren Befriedigung zwangsläufig auf eine von der bisher üblichen Art der Herstellung verschiedene Weise versucht werden mußte.

Die Entwicklung führt nunmehr zur Anwendung maschineller Erzeugungsmethoden, durch die auch das formale Gebiet berührt wird.

Man begann, mit maschineller Einrichtung handwerkliche Erzeugnisse in ihren typischen Formen, dem gestiegenen Bedarf entsprechend, als Massenartikel herzustellen. Hand in Hand ging damit eine Verflachung des Formempfindens der Handwerker.

Um die Jahrhundertwende begannen einsichtige Kreise zu erkennen, daß dieser Rückschritt, der in vielen Sparten des gewerblichen Schaffens bereits bedauerliche Formen angenommen hatte, durch Heranziehung künstlerischer Kräfte aufgehoben werden müsse.

Besteckschrank, Entwurf und Ausführung MAX WELZ (Wien)

fig. 22

the new cultural journals of the Second Republic as "Reformer of Austrian arts and crafts" even by those who had suffered under Nazi persecution such as Hans Ankwicz-Kleehoven (Kunst ins Volk, Volume 3, 1949).

Oswald Haerdtl. Hoffmann's former assistant prepared the first exhibition in the Austrian workshops only a month after the end of the war, in June 1945, and organised many chamber of commerce exhibits for Paris and Milan. As an instructor at the "Academy for Applied Arts, Vienna" (sic) he analysed the "new style of arts and crafts" in 1947/1948 in the journal for Austrian culture "The Tower" (2nd annual issue, volume 11/12): in the text, which was illustrated with photographs of furniture by Max Welz, glasses by L.C. Lobmeyr, a chased brass vase by Josef Kyral after Josef Hoffmann, and Augarten porcelain based on designs by Ena Rottenberg, the period of National Socialism was avoided. "From the school of the artists (they are Josef Frank, Dagobert Peche, Otto Lendeck, Eduard Wimmer; note by the editor), from which only the most significant are mentioned, emerged a large number of younger talents who continually address the question of an artistic design of objects of daily use, and through their activities have a profound influence on developments." Then followed the programmatic statement: "The fact that creative form in design is only possible according to the spirit of the times is self-evident. The modern style, expression of the spiritual currents of our time, exists; modern art is the style of democracy." (fig. 22)

And Oswarld Haerdtl, who would become one of the leading designers in post-war Austria (fig. 23), posed the question: "How will applied arts in Austria develop in the coming years?" Haerdtl hoped for "from the purely artistic side, a stronger component of painterly and graphically three-dimensional talent." "There will certainly be no shortage of formally creative and artistic powers." The internationally oriented Haerdtl issued a rejection of regionalism, promoted by the Nazi aesthetic, in applied arts and design. Attempts to produce furniture and objects of daily use in Austria in Baroque or any other style were meaningless for the development of form. Even the rustic parlour so loved by the Nazis was criticized: "The secret love that one cherishes here for the so-called rustic parlour is explicable and understandable, but the transplantation of such a desire into an urban residence (...) is a ludicrous mistake. All attempts that are made to find

rein künstlerischen Seite her eine stärkere Anteilnahme malerischer und plastischer Begabungen. „An formschöpferischen und gestaltenden künstlerischen Kräften wird es sicherlich nicht mangeln." Der international orientierte Haerdtl erteilt dem von der nationalsozialistischen Ästhetik gepflogenen Regionalismus im Kunstgewerbe und Design eine Absage. Bestrebungen, in Österreich Mobiliar und Gebrauchsgegenstände im barocken oder irgendeinem anderen Stil zu erzeugen, ist für die Formentwicklung bedeutungslos. Und auch die bei den Nazis beliebte Bauernstube wird verworfen: „Die heimliche Liebe, die man hier für die sogenannte Bauernstube hegt, ist erklärlich und verständlich, die Verpflanzung einer solchen aber in eine städtische Wohnung (...) ist ein lächerlicher Irrtum. Alle Bestrebungen, die unternommen werden, um einen Heimatstil unter Verwendung dieser Formen zu finden, müssen mit Fehlschlägen enden."
Programmatisch auch der letzte Absatz Haerdtls: „Der breite Strom der Entwicklung wird sich der Formensprache des modernen Menschen bedienen müssen, wobei aber nicht übersehen werden darf, daß der Erhaltung einer spezifisch österreichischen Note – soweit das möglich ist – bei allen handwerklichen, kunstgewerblichen und industriellen Erzeugnissen größte Bedeutung zukommt und daß dieser Umstand die notwendige Beachtung seitens der berufenen Gestalter finden sollte. Die österreichischen Erzeugnisse insbesondere der Geschmacksindustrie werden sich in einem scharfen Wettbewerb befinden. Im neuen Europa werden sich die Absatzmärkte für Österreich stark verschieben. Und eine vollkommen neue Einstellung der Produzenten wird nötig sein, um gegen die Konkurrenz zu bestehen. Nicht nur die formale Durchbildung des Gegenstandes, nicht nur die Wirkung formschöpferischer Kräfte, sondern auch eine weitergehende Anwendung neuer Erkenntnisse, sei es technischer oder organisatorischer, sei es sozialer oder hygienischer Natur, wird erforderlich sein, um dieses Ziel zu erreichen."
Haerdtl formuliert mit diesem Credo Ansätze, die den Kunsthandwerks- und Designdiskurs in Österreich bis heute prägen. Die Werkbundausstellung 1950 im Österreichischen Museum und die Neugestaltung des Arbeitszimmers des Österreichischen Bundeskanzlers 1948 im Palais am Ballhausplatz durch Haerdtl selbst legen Zeugnis vom wieder erwachten autochthon österreichischen Formempfinden im Kunsthandwerk und Design ab.

fig. 23

a homeland style through the use of these forms must end in failure."
Haerdtl's final sentence is also programmatic: "The broad current of development will have to serve the formal language of modern man, whereby it ought not to be overlooked that great importance should be attached to the preservation of a specifically Austrian tone – insofar as that is possible – in all products of handicrafts applied arts and industrial arts, and that under these circumstances the appointed designer should obtain the necessary recognition. Austrian products, in particular the industry of taste, will find themselves in an aggressive competition. In the new Europe, the foreign markets for Austria will shift tremendously. And a completely new attitude on the part of the producers will be required in order to stand up to the competition. Not only the formal conception of the object, not only the effect of formally creative forces, but also a thorough-going application of new knowledge – be it of technical or organisational, of social or sanitary nature – will be required in order to reach this goal." With this credo, Haerdtl formulated approaches which characterise still today the discourse regarding applied arts and design in Austria. The Work Federation exhibition in 1950 in the Austrian Museum and the new design for the working chambers of the Austrian Chancellor in 1948 in the Palace on the Ballhausplatz by Haerdtl, bear witness to a renewed awakening of an autochthonous Austrian conception of forms in applied arts and design.

Gabriela Nagler

Bildende Kunst in Österreich 1940–1950

„Mit meinen Werken habe ich allen Völkern dieser Welt ein Mahnmal gesetzt. Es soll niemandem, egal welcher Religion, Rasse oder politischen Anschauung, dieses – oder Ähnliches – widerfahren!" schrieb Adolf Frankl (1903–1983). Sein Geschäft für Raumausstattung wurde unter dem slowakischen faschistischen Staat Anfang der vierziger Jahre enteignet (fig. 24). Er, seine Frau und seine zwei Kinder wurden am 28. September 1944 verhaftet. Adolf Frankl wurde zuerst in das Konzentrationslager Sered' und schließlich nach Auschwitz deportiert. Ein Großteil seiner Familie wurde ermordet, er überlebte. In seiner Malerei verarbeitete er die Schrecknisse der Vernichtungslager des Dritten Reiches. Bilder wie „Visionen aus dem Inferno", „Kampf ums Brot", „Prügelstrafe" und „Verhaftung" (fig. 25, S. 83, 145) geben Zeugnis davon.
In der Zeit des Nationalsozialismus wurden allein in Wien 70.000 jüdische Wohnungen „arisiert". Die Vugesta (Verwaltungsstelle für jüdisches Umzugsgut der Geheimen Staatspolizei) beschlagnahmte Tausende von Bildern, Möbel und anderen Gegenständen. Jüdische Künstler wurden mit Berufsverbot belegt, mussten auswandern oder wurden ermordet.
Die Listen der Vertriebenen und Ermordeten sind endlos. Nur einige Beispiele seien an dieser Stelle genannt:
In den Jahren 1942–1944 gab Friedl Dicker (1898–1944) in den Ghetto-Heimen von Theresienstadt Kindern zur Ablenkung der unerträglich, tristen Lage Zeichenunterricht. Später konnte dann nicht mehr

Austrian Fine Arts 1940–1950

"With my works, I have set up a memorial for all the peoples of the world. Such events, or similar ones, should never befall anybody, no matter what religion, race or political viewpoint!" wrote Adolf Frankl (1903–1983), whose interior design shop was expropriated under the Slovakian fascistic state in the early 1940s (fig. 24. He, his wife and their two children were arrested on September 28, 1944. Adolf Frankl was deported to the concentration camp Sered', and finally to Auschwitz. A large part of his family was murdered, yet he survived. In his painting he came to terms with the horrors of the concentration camps of the Third Reich. Paintings such as "Visions from the Inferno", "The Fight for Bread", "Flogging" and „Imprisonment" (fig. 25, p. 83, 145), bear witness to this period.
In the period of National Socialism, 70,000 Jewish residences alone in Vienna were "aryanised". The Vugesta (Verwaltungsstelle für jüdisches Umzugsgut der Geheimen Staatspolizei = Administrative Centre of the Secret Police for Repossession of Jewish Property) confiscated thousands of paintings, pieces of furniture and other objects. Jewish artists were forbidden to work, were forced to emigrate, or were murdered.
The lists of those expelled or murdered are endless. Only a few examples may be mentioned here:
Between 1942–1944, Friedl Dicker (1898–1944) gave drawing lessons to children in the ghettos of Theresienstadt, in order to distract them from the unbearable sadness of the place. Later, it was not

fig. 24

fig. 25

gezeichnet werden – die Transporte zu den Vernichtungslagern rollten unausgesetzt. Friedl Dicker wurde 1944 in Auschwitz ermordet.
Der Wiener Maler Josef Floch (1895–1977, fig. 26, S. 143) übersiedelte schon früh nach Paris und emigrierte 1941 nach New York. Robert Kohl (1891–1940 Auschwitz) war 1938 nach Frankreich geflüchtet. Nach der Besetzung von Paris wurde er in einer Sportanlage in Finistère interniert und später nach Auschwitz deportiert, wo er ermordet wurde.
Jakob Glasner (1879–1942) nahm 1941 den Namen Libidowski an, um sich als Jude vor der Verfolgung zu schützen. 1942 wurde er von der SS in Lemberg ermordet. Egon Vitalis Biel (1902–1969) war zur Zeit des Anschlusses in Prag. Er fuhr von dort nach Paris und lebte ab 1942 in den USA.
Franz Herberth (1907–1973) wurde 1939 in Wien zwangspensioniert, weil seine Frau Jüdin war. Er wurde aus der Reichskammer ausgeschlossen und erhielt Berufsverbot. Herberth konnte nur mehr als Zwangsarbeiter in den Lagerhäusern der Stadt Wien tätig sein. Erst nach 1945 konnte er wieder seine Arbeit als Professor an der Universität für angewandte Kunst fortsetzen.
Ab 1940 griff das Deutsche Reich Dänemark und Norwegen an. Es folgte der Einmarsch und die Besetzung von Belgien, Luxemburg, der Niederlande, Nordfrankreich und Paris. Den Beginn des Westfeldzuges thematisiert das Soldatenbild „10. Mai 1940" von Paul Mathias Padua und macht das damalige Idealbild des Soldaten deutlich. In kriegerischer Montur sitzen die Soldaten im Schlauchboot bei der Überfahrt über den Rhein. In diesem Bild wird mit kraftvollen Gesten militärisches Heldentum heraufbeschworen. Nur drei Gesichter sind in dieser Szene voller Stahlhelme und Uniformen zu entdecken – es ist ein fast gesichtsloses Heer (fig. 27). Emotionslose glatte Figuren beherrschen generell die Szenen in den Bildern der ersten Hälfte der 40er Jahre (fig. 28). Sie gaukelten heile Familien, Heimatidyllen und friedliche Stimmungen vor (S. 74, 75). Laut Reichskammerkulturgesetz, das in Österreich am 11. Juni 1938 in Kraft getreten war, konnten Künstler nur Aufträge finden, wenn sie in der Reichskammer aufgenommen waren. Sie mussten „einen Ariernachweis erbringen, politisch zuverlässig sein und arteigene Kunst produzieren."
Unter diesen Umständen fanden Künstler wie Leopold Blauensteiner, Ernst Huber als Maler der Reichsautobahn (fig. 29), Karl Maria Schuster, Erwin

fig. 26

possible to draw anymore – the transport vehicles to the concentration camps rolled on incessantly. Friedl Dicker was murdered in Auschwitz in 1944.
The Viennese painter Josef Floch (1895–1977, fig. 26, p. 143) moved early on to Paris, and in 1941 emigrated to New York. Robert Kohl (1891–1940 Auschwitz) first fled to France in 1938. After the occupation of Paris he was interned in a sports ground

fig. 27

fig. 28

Puchinger, Rudolf Böttger, Karl Mader, Karl Sterrer, Robert Ullmann, Ivo Saliger, Fritz Fröhlich, Ekke Ozlberger, Fritz Glaubacker und andere mehr, Arbeit im Dritten Reich,
In deutschen Hausfluren, Ämtern, Bahnhöfen und in Schaukästen hingen aktuelle Wochensprüche. Der Wochenspruch vom 3. bis 9. März 1940 lautete etwa: „Es kann nur einer siegen und das sind wir, Adolf Hitler". In der Akademie der bildenden Künste am Schillerplatz war eine Büste Hitlers in der Aula platziert, zwei Säulen und das NS Hoheitszeichen umrahmten die Büste, die von Josef Müller stammte. Die Wiener Porzellanmanufaktur Augarten erzeugte Hilter-Porzellanbüsten als Massenware – ihr Schöpfer war Robert Ullmann. Zahlreiche Führerbildnisse wurden am Opernring 19, im Verlag Nationalsozialistischer Bilder – Heinrich Hoffmann abgeboten (fig. 30, siehe auch Band 1930–1940, S. 35). Man konnte Hitlerfotos sowie Porträtaufnahmen von Männern aus Partei und Staat erwerben.
In Ausstellungen sah man z.B. im Künstlerhaus 1942 „Das schöne Wiener Frauenbild" und 1943 zum 150. Geburtstag von Georg Ferdinand Waldmüller wurde eine Retrospektive seiner Werke im Belvedere gezeigt. Am 7. Februar 1943 eröffnete Baldur von Schirach die Ausstellung „Junge Kunst im Deutschen Reich". Er wollte mit dieser Präsentation die Bedeutung Wiens als Kulturzentrum hervorheben. Wilhelm Rüdiger sammelte 582 Werke von 175 Künstlern. Neben Rudolf Eisenmenger (S. 77), Paul Mathias Padua und Ernst Dombrowski waren auch Anton Kolig (S. 100), Anton Mahringer oder A. Paul Weber, die als NS-Gegner galten, vertreten. Benno von Arent wurde im Auftrag Goebbels nach Wien geschickt, die Ausstellung zu inspizieren – er war entsetzt und notierte: Goebbels sei nicht bereit zu dulden, „dass von Wien aus eine uralte Kunstrichtung inauguriert wird, die wir im Reich längst schon überwunden haben." Hitler befahl die

in Finistère, and later deported to Auschwitz, where he was murdered.
Jakob Glasner (1879–1942) took the name Libidowski in 1941, in order as a Jew to protect himself from persecution. In 1942 he was murdered by the SS in Lemberg. Egon Vitalis Biel (1902–1969) was in Prague at the time of the annexation. He travelled from there to Paris and lived after 1942 in the United States.
Franz Herberth (1907–1973) was forced to retire in Vienna, because his wife was Jewish. He was excluded from the Imperial Chamber (Reichskammer), and forbidden to practice his profession. Herberth was only able to be active as a forced labourer in the warehouses of Vienna. It was only after 1945 that he was able to continue his career as Professor at the University for Applied Arts.
After 1940, the German Reich attacked Denmark and Norway. The invasion and occupation of Belgium, Luxemburg, the Netherlands, northern France and Paris followed. The military painting "10th May 1940" by Paul Mathias Padua thematised the beginning of the western campaign, and broadcast the ideal image of the soldier. The soldiers, in military uniform, sit in an inflatable dinghy during the crossing of the Rhine. in this painting military heroism is evoked with vigorous gestures. Only three faces can be made out in this scene full of metal helmets and uniforms – the army has practically no face (fig. 27). Flat, emotionless figures generally dominate the scenes in painting from the first half of the 1940s (fig. 28). They parade the lie of the sacrosanct family, the idyllic homeland, and a peaceful atmosphere (p. 74, 75). According to the Imperial Chamber of Culture Law, which came into effect on 11th June 1938, artists were only able to accept commissions if they were members of the Imperial Chamber. They had to "present evidence of being Aryan, be politically reliable, and produce appropriate works of art."
Under these conditions, artists such as Leopold Blauensteiner, Ernst Huber as the artist for the Imperial Motorway (fig. 29), Karl Maria Schuster, Erwin Puchinger, Rudolf Böttger, Karl Mader, Karl Sterrer, Robert Ullmann, Ivo Saliger, Fritz Fröhlich, Ekke Ozlberger, Fritz Glaubacker and many more found work under the Third Reich.
In German corridors, offices, railway stations and showcases, the current saying of the week was displayed. The saying of the week for 3rd–9th March 1940 went as follows: "There can be only one victor,

fig. 29

Ausstellung zu schließen. Am 7. März wurde daher wegen Überlastung der Verkehrsmittel die Ausstellung geschlossen.
Mit Fortdauer des Krieges wurden kulturelle Ereignisse immer seltener. Der Ausstellungsbetrieb im Künstlerhaus und in der Secession musste 1944 eingestellt werden. Nach den Bestimmungen des totalen Kriegseinsatzes wurden beide Häuser nur mehr als Lager einer Rüstungsfirma genützt. Die Secession wurde schließlich im Frühjahr 1944 ausgebombt. Am 6. Jänner 1945 wurden jedoch noch Hitler-Sondermarken aufgelegt.
Nach dem Kriegsende am 8. Mai 1945 setzte das kulturelle Leben in Österreich langsam wieder ein, protagoniert von den Ausstellungen der Besatzungsmächte. „Endlich ist es den verdursteten Augen vergönnt, sich wieder durch lebendige Kräfte zu erfrischen und zu nähren, endlich ist wieder die Möglichkeit da, von allen bejahenden Strömungen der Zeit Kenntnis zu nehmen (...) Darum muss das Geschenk, das die Franzosen uns mit ihrer Ausstellung machen, mit besonderem Dank empfangen werden." stand im Wiener Kurier vom 13. Dezember 1945 zu lesen. Mit dieser begeisterten Zeitungsnotiz wurde die Ausstellung „Exposition d'oeuvre de la gravure francaise contemporaine" in der Akademie der bildenden Künste beschrieben. Es waren Werke von Pierre Bonnard, Jean Lurcat, Henri Matisse, Pablo Picasso, Georges Rouault, Gustav Singier, Jaques Villon u. a. zu sehen. Nicht alle teilten die Euphorie des Rezensenten. Denn nach der langen Zeit gleichgeschalteter nationalsozialistischer Kunstdoktrin, nach Zerstörung und Tod, muss die Begegnung mit der Vielfalt der französischen Kunst zwar eine gewaltige geistige Erfrischung gewesen

and that is us; Adolf Hitler". In the Academy of Fine Arts on Schillerplatz a bust of Hitler was placed in the Aula; two columns and the insignia of the National Socialists surrounded the bust, which was the work of Josef Müller. The Vienna ceramic manufacturer Augarten created porcelain busts of Hitler in mass quantities – their designer was Robert Ullmann. Numerous portraits of Hitler were offered for sale in the Publishing House of National Socialist Portraits – Heinrich Hoffmann, at Opernring 19 (fig. 30, see also Volume 1930–1940, p. 35). It was possible to acquire photographs of Hitler, as well as photographs of men from the Party and the State.
In exhibitions, one could view for example "The beautiful image of the Viennese woman" at the Künstlerhaus in 1942, while in 1943 a retrospective of the works of Georg Ferdinand Waldmüller was mounted at the Belvedere on the 150th anniversary of his birth. On 7th February 1943, Baldur von Schirach officially opened the exhibition "Young Art in the German Reich". With this presentation, he wanted to emphasise the importance of Vienna as a cultural centre. Wilhelm Rüdiger collected 582 works by 175 artists. In addition to Rudolf Eisenmenger (p. 77), Paul Mathias Padua, and Ernst Dombrowski, Anton Kolig (p. 100), Anton Mahringer or A. Paul Weber, who were viewed as anti-Nazi, were also represented. Benno von Arent was sent to Vienna by the order of Goebbels to inspect the exhibition – he was completely disgusted and noted that Goebbels would not be prepared to tolerate "that an ancient artistic

fig. 30

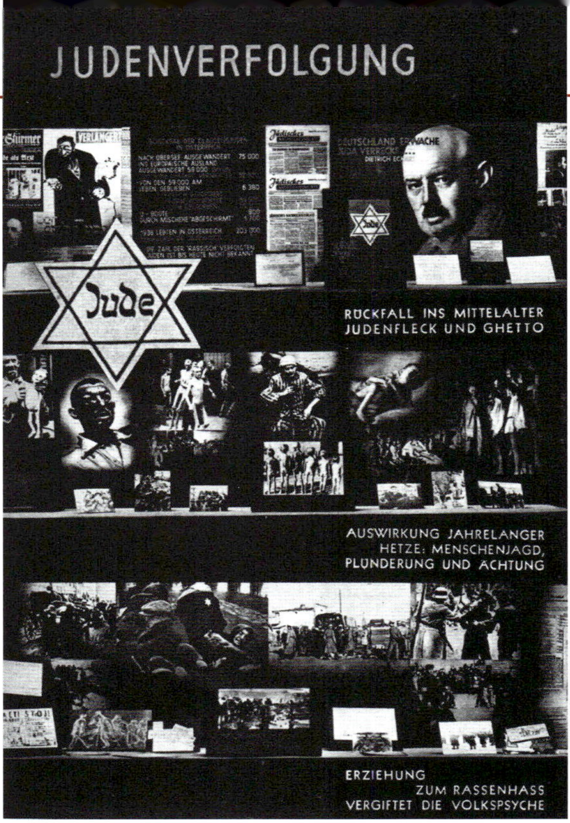

fig. 31

sein, für einen Großteil des österreichischen Publikums blieb sie aber unverständlich. Die Ausstellungen aus Frankreich, England, Russland und Amerika aber auch aus der Schweiz brachten eine enorme Fülle an bis dahin unbekannten, internationalen Werken. Denn die Besatzungsmächte, allen voran die Franzosen, bemühten sich, innerhalb kürzester Zeit ihr Kulturgut als Gegenpol zur faschistischen Ideologie zu präsentieren.

Aus den Werken des Expressionismus, Kubismus, Surrealismus und der abstrakten Malerei konnten vor allem die Künstler neue Ideen schöpfen. Damit begann die Möglichkeit zu einem regen geistigen, kulturellen Austausch zugunsten des besetzten Landes. Der anfangs erwähnte Adolf Frankl wurde etwa von den Russen beauftragt, ein Plakat zu zeichnen, das Hitlers Untergang darstellen sollte (S. 83).

Niemals Vergessen. Im Herbst 1946 wurde die antifaschistische Ausstellung „Niemals Vergessen" im Wiener Künstlerhaus gezeigt. Viktor Matejka (S. 146ff.) als kommunistischer Wiener Stadtrat für Kultur und Volksbildung, beauftragte V.T. Slama mit der Konzeption und Leitung dieser Ausstellung, die den Machtanstieg und auch Abstieg des Faschismus thematisierten sollte (fig. 31).

Hinsichtlich der tristen Lage zeitgenössischer österreichischer Malerei im Jahre 1947 äußerte sich der Kunstkritiker Ernst Köller: „Wie die Situation der bildenden Kunst noch 1947 war, zeigt eines der

direction would be inaugurated out of Vienna, one which we in the Reich have long since outgrown". Hitler ordered the exhibition to be closed. Due to transport congestion, the exhibition was therefore closed on 7th March.

With the continuation of the war, cultural events became less and less frequent. The organisation of exhibitions at the Künstlerhaus and the Secession was halted in 1944. After the determination of total war, both establishments were used exclusively as depots of arms manufacturers. Eventually the Secession was bombed in spring 1944. On 6th January 1945, nevertheless, special issue stamps of Hitler were still issued.

After the end of the war on 8th May 1945, cultural activity in Austria slowly returned to life, promoted by exhibitions organised by the occupying powers. "Finally, it is granted to parched eyes to refresh and nourish themselves with vital powers, finally the possibility is present again to acknowledge all of the positive currents of the era (…) Therefore, the gift that the French have given us with their exhibition must be received with particular gratitude". This statement appeared in the Vienna Kurier of 13th December 1945. With this enthusiastic newspaper commentary, the exhibition "Exhibit of French Contemporary Prints" at the Academy of Fine Arts was described. Works were on view by Pierre Bonnard, Jean Lurcat, Henri Matisse, Pablo Picasso, Georges Rouault, Gustav Singier, Jaques Villon and others. Not everybody, however, shared the enthusiasm of the reviewer. For after the long period of the artistic doctrine of National Socialism, which forced everybody into line, after destruction and death, the confrontation with the multifaceted aspects of French art must indeed have been a tremendous intellectual refresher, yet for a majority of the Austrian public it must have remained incomprehensible. Exhibitions from France, England, Russia and America, and also from Switzerland, brought an enormous amount of hitherto unknown, international works before the public eye. The occupying powers, above all the French, made efforts within a very short time period to present their cultural property as the antithesis of Fascist ideology.

Artists could adopt new ideas above all from the works of Expressionism, Cubism, Surrealism and Abstract Painting. Now, the possibility arose for an active intellectual and cultural exchange for the benefit of the occupied country. For example, Adolf Frankl, mentioned here at the beginning, was commissioned

traurigsten Dokumente auf, das je bei uns publiziert wurde, nämlich der Abbildungsteil des Kataloges der ersten österreichischen Kunstausstellung im Wiener Künstlerhaus, die, Gott sei Dank, auch die einzige blieb. Neben Werken einiger großer alter Männer, die infolge ihrer künstlerischen und menschlichen Reife das Unheil der Zeit integer überstanden hatten, findet sich fast ausschließlich öder, langweiliger Akademismus voll unsagbarer Provinzialität". Denn abseits der internationalen Kunstströmungen hatte sich die österreichische Kunst schon in eine dunkle Ecke bewegt und der Knebel mit dem jegliche freie künstlerische Tätigkeit von den Nationalsozialisten zugeschnürt wurde, führte unmittelbar nach der Lockerung zu einem Vakuum in der österreichischen Kunst. Kritische Geister waren vernichtet oder stumm gemacht und es gab keine adäquate Kunstrichtung, an die man nun anschließen konnte. Erst langsam ebbten die Nachwehen des nationalsozialistischen Kunstverständnisses nach 1945 ab. Die akademische Malerei versank in bloßer Manier und war längst gestorben für die Aussagekraft dieser Zeit.

Neuorientierung war notwendig. Dessen waren sich vor allem die jungen Künstler bewusst. In erster Linie mußten die Errungenschaften von mehr als sieben Jahren europäischer Malerei aufgenommen und verarbeitet werden, um innerhalb der zeitgenössischen Kunstszene einen eigenständigen Platz beziehen zu können. Die zweite Hälfte der 40er Jahre ist daher als eine Zeit des Suchens und des Experimentierens zu verstehen. Die Künstler versuchten dieses und jenes und befanden sich in einer Phase des Erprobens. Denn das Spektrum an kreativen Möglichkeiten war nun plötzlich wieder breit.

Mit enormen Nachholbedürfnis ging man ans Werk, ungeachtet der trostlosen Situation zerstörter Arbeitsräume und kaum vorhandener Materialien. Die Generation der Zwischenkriegskünstler, also die, die in Wien überlebt hatten, starteten mit einem gemäßigten Farbexpressionismus und dominierten damit die österreichische Kunstszene. Dazwischen aber flammten neue Bewegungen auf. Expressionismus und Surrealismus wurden sogleich aufgegriffen. Es ist nicht erstaunlich, dass nach dem strengen Kalkül ideal-realistischer Nazikunst der freie Fluss der Phantasie reizte. Die Gruppe des Phantastischen Realismus – Ernst Fuchs, Anton Lehmden, Wolfgang Hutter und Rudolf Hausner (S. 138–140) – entwickelte auf den Grundlagen des Surrealismus

by the Russians to create a placard which should represent Hitler's defeat (p. 83).

Never Forget. In the autumn of 1946 the anti-fascist exhibition "Never Forget" was mounted in the Künstlerhaus in Vienna. Viktor Matejka (p. 146ff.), as the Communist City Councillor for Culture and Popular Education, commissioned V.T. Slama to come up with the concept and direction of this exhibition, which was intended to thematise the ascent to power and also the defeat of fascism (fig. 31).

The art critic Ernst Köller commented on the dismal state of affairs of Austrian painting in 1947: "Just how bad the situation of fine arts still was in 1947 is demonstrated by one of the most depressing documents that was ever published here, namely, the illustrated catalogue of the first Austrian art exhibition in the Künstlerhaus in Vienna, which, thank God, remained the only one of its kind. In addition to works by a few great old men, who due to their artistic and human maturity survived the evils of the time intact, there can be found almost exclusively dull, boring academicism full of unspeakable provincialism." For, removed from international artistic currents, Austrian art had receded into a backwater and any free artistic activity was gagged by the Nazis; immediately after the loosening of controls a vacuum appeared in Austrian art. Critical spirits were crushed or silenced, and there was no adequate artistic direction to which one could attach oneself. The after-pains of the Nazi appreciation of art only very slowly began to ebb after 1945. Academic painting degenerated into mere mannerism and was long dead as a force of expression for the period.

A new orientation was necessary. Above all, young artists were keenly aware of this. In the very first instance, the accomplishments of more than seven years of European painting had to be assimilated and worked through, in order to be able to obtain one's own independent position within the contemporary art scene. The second half of the 1940s therefore has to be understood as a time of searching and experimentation. The artists attempted this, and found themselves in a phase of trial and testing. The spectrum of creative strategies was now suddenly broad again.

With an enormous need to catch up, the artists went to work, notwithstanding the dismal situation with regard to destroyed workspaces and scarcely any materials. The generation of artists from between the wars, that is, those who had survived, began with a moderated form of Colour Expressionism and

fig. 32

ihren eigenen speziellen Weg. Ernst Fuchs berichtete: „Die Künstler trafen sich außerhalb der Akademie im Atelier des saarländischen Künstlers Edgar Jené (...). Er besaß eine außerordentlich reiche Sammlung surrealistischer Veröffentlichungen". Die Wiener Surrealisten fanden in der Zeitschrift „Plan", die von 1945–1948 von Erwin Müller und Otto Basil herausgegeben wurde, ihr Sprachrohr. Eine erste Ausstellung mit Werken von Albert Paris Gütersloh und Arnulf Neuwirth fand 1948 in der Agathon Galerie statt. Gütersloh wurde zudem Präsident des „Art Club", der ein Sammelbecken für die progressiven Künstler der damaligen Zeit war. Die Bedeutung des „Art Club" lag in seiner internationalen Ausrichtung. In Wien wurde der „Art Club" 1947 gegründet, 1949 wurde eine Dependance in Paris errichtet. Neben Ausstellungen internationaler Kunst wurden in den Kellerräumen der Loosbar auch Werke der Mitglieder präsentiert, die sonst kein geeignetes Forum gefunden hätten, weil ihre Werke bereits zur abstrakten Malerei tendierten. Peter Pálffy, Gustav Kurt Beck, Carl Unger, Greta Freist (S. 141), Maria Lassnig, Josef Mikl, Theobald Schmögner, Kurt Weber u.a. sind hier zu nennen. Von 19–20 Uhr wartete man auf Besuch, es kamen jedoch nicht viele Interessierte.

Eine weitere Künstlergruppierung der Nachkriegszeit war, abgesehen von der „Wiener Secession" und dem „Künstlerhaus", „Der Kreis". Der „Neue Hagenbund" wurde von Carry Hauser iniziiert, er war auch der einzige Künstler, der schon beim alten „Hagenbund" vor 1938 mit dabei gewesen war. Diese Künstlervereinigung trat 1948 in der Zedlitzhalle an die Öffentlichkeit.

Mitstreiter der Unternehmungen in Richtung abstrakter Kunst waren Herbert Boeckl (fig. 32), Fritz Wotruba, Alfred Wickenburg, Albert Paris Gütersloh und Monsignore Otto Mauer. Sie haben durch ihr Werk oder ihre geistige Stellungnahme zu einem Umschwung in der Kunst in Österreich beigetragen. Carl Unger berichtete: „Als ich aus dem Krieg zurückkam, hatte ich mein Akademiestudium schon hinter mich gebracht. Ich war vom deutschen Expressionismus beeinflußt worden, dann von Boeckl. Durch die internationalen Ausstellungen nach dem Krieg wurde mir klar, wieviel ich nachzuholen hatte."

dominated the Austrian art scene with this style. In between, new movements flared up. Expressionism and Surrealism were instantly taken up. It is not surprising that, after the strict calculation of idealistic-realistic Nazi art, the free flow of fantasy was exciting. The group of Fantastic Realists – Ernst Fuchs, Anton Lehmden, Wolfgang Hutter and Rudolf Hausner (p. 138–140) – developed their own particular path on the foundations of Surrealism. Ernst Fuchs reported: "The artists met outside the Academy in the studio of the Saarland artist Edgar Jené (...) He possessed an incredibly rich collection of Surrealist publications". The Vienna Surrealists found their mouthpiece in the journal "Plan", which was produced by Erwin Müller and Otto Basil from 1945–1948. A first exhibition with works by Albert Paris Gütersloh and Arnulf Neuwirth took place at the Agathon Gallery in 1948. Gütersloh was in addition President of the "Art Club", which was a reservoir for the progressive artists of the time. The significance of the "Art Club" lay in its international orientation. Founded in Vienna in 1947, the "Art Club" set up a branch in Paris in 1949. In addition to exhibitions of international art, works of the members of the club were also shown in the basement of the Loos Bar; these individuals would have found no other appropriate forum, as their works were already tending towards abstraction. Peter Pálffy, Gustav Kurt Beck, Carl Unger, Greta Freist (p. 141), Maria Lassnig, Josef Mikl, Theobald Schmögner, Kurt Weber and others can be mentioned in this regard. They waited for visitors from 7–8 p.m., but not very many interested people turned up.

Another group of artists after the war, not counting the Vienna Secession and the Künstlerhaus, was "Der Kreis" (The Circle). This "New Hagenbund" was initiated by Carry Hauser; he was also the only artist who had been a member of the old "Hagenbund" before 1938. This association of artists went public in 1948 in the Zedlitzhalle. Comrades-in-arms in the enterprise to develop abstract art were Herbert Boeckl (fig. 32), Fritz Wotruba, Alfred Wickenburg, Albert Paris Gütersloh and Monsignore Otto Mauer. Through their works and their intellectual positioning, they contributed to a turnaround in the arts in Austria. Carl Unger commented: "When I came back from the war, I already had my academic studies behind me. I had been influenced by German Expressionism, then by Boeckl. After the international exhibitions after the war, it was abundantly clear to me just how much I had to catch up." Subsequently,

Unger strebte in der Folge eine Reduktion der Landschaftsdarstellung an. Die erkennbaren Reste des Motivs wurden zu geometrischen Farbflächen verarbeitet und der Landschaft wurde ein subjektiver Formraster auferlegt (S. 137). Später brach der Gegenstandsbezug gänzlich ab. Denn gerade die abstrakte Malerei wurde gegen Ende der vierziger Jahre und auch später noch als Zeichen der Freiheit schlechthin verstanden.

Carl Unger wie auch etwa Peter Pálffy, Josef Mikl, Johann Fruhmann, Mario Decleva, Friedrich Aduatz, Gustav Kurt Beck, Greta Freist, Gottfried Goebel (S. 33) gehören zu den ersten Künstlern, die eine geometrische Abstraktion in ihren Werken aufgriffen. Als ein zweiter Weg in Richtung Abstraktion kann der Expressionismus angesehen werden. Grete Yppen, Walter Eckert und Karl Kreutzberger z.B. schlugen diese Richtung ein. Auch hier fand eine Vereinfachung der Formen statt, aber eine neue expressive Ausdruckskraft, die vom Pinselduktus ausging, begann das Farbgeschehen zu dominieren.

Formreduktion war auch das Thema der österreichischen Plastik in der Nachkriegszeit. Ausgehend von der Leitfigur Fritz Wotrubas (fig. 33) gelangten eine Reihe seiner Schüler wie Josef Pillhofer, Avramidis, Roland Goeschl, Andreas Urteil u.a. zur Auseinandersetzung mit der Abstraktion in der Skulptur. Oswald Oberhubers abstrakte Plastiken weisen bereits in Richtung Informel, das die bestimmende Kunstströmung der fünfziger Jahre werden sollte.

Die Stimmung für progressive Kunst war jedoch generell schlecht. 1947 schrieb ‚Die Österreichische Zeitung" über eine Ausstellung im Künstlerhaus, bei der in einem Raum auch Arbeiten des „Art Club" gezeigt wurden: „Hier sind die Diskussionen, die Proteste und Unmutsbezeugungen des breiten Publikums am größten. Wer weiß schon was ein ‚Aphorisches Ballett' ist? Die meisten spüren hier nur das Widerlich-Perverse". Die Gemüter der Österreicher entzündeten sich an der ungewohnten Kost. So wurde auch 1949 die „Italienische Kunst der Gegenwart" als „Pseudokunst" deklariert, die als ganz „dekadente Pervertiertheit" charakterisiert wurde. Und 1950 lautete die Kritik zur internationalen Art Club Ausstellung, „sie ist eine jener sattsam bekannten, hauptsächlich abstrakten Ausstellungen, die weder der ‚gemeine Mann' noch der ‚gebildete' versteht."

Der Sprung von der nationalsozialistischen zur abstrakten Kunst war einfach zu groß gewesen.

Unger strove towards reduction in landscape representation. Recognisable remains of motifs were reworked into geometric areas of colour and a subjective formal grid was imposed on the landscape (p. 137). Later, the reference to objects broke down completely; for it was precisely abstract painting which was understood in the late 1940s and even later as a sign, quite simply, of freedom.

Carl Unger and also Peter Pálffy, Josef Mikl, Johann Fruhmann, Mario Decleva, Friedrich Aduatz, Gustav Kurt Beck, Greta Freist, and Gottfried Goebel (p. 33) belong to the first artists who took up geometric abstraction in their works. Expressionism can be seen as a second path into Abstraction. Grete Yppen, Walter Eckert and Karl Kreutzberger, for example, followed this direction. Here, too, a simplification of forms occurred, but a new expressive verve based on brushwork began to dominate the effect of colour.

Reduction of forms was also the dominant theme in Austrian sculpture after the war. Beginning with the leading figure of Fritz Wotruba (fig. 33), a series of his students such as Josef Pillhofer, Avramidis, Roland Goeschl, Andreas Urteil and others found their way into an involvement with sculptural abstraction. Oswald Oberhuber's abstract sculptures already point in the direction of Informel, which would become the decisive artistic current of the 1950s.

Nevertheless, however, the sentiment for progressive art was in general not positive. In 1947, "The Austrian News" wrote about an exhibition in the Künstlerhaus, at which works by members of the "Art Club" were also displayed in one room: "Here the discussions, the protests and the attestations of displeasure by a broad public were at their greatest. Who, indeed, knows what an "Aphoristic Ballet" is? Most people only recognised here something repugnant and perverse." Austrian minds ignited with the unfamiliar material. Thus in 1949 the "Italian Contemporary Art" was also declared to be "pseudo-art", characterised by completely "decadent perversion". And in 1950, criticism of the international Art Club exhibition was as follows: "it is one of those only too well known, mainly abstract exhibitions, which neither the 'common man' nor the 'educated man' understands".

The leap from Nazi art to abstract art was simply too great.

fig. 33

Carl Auböck, Rückseite des Lusthauses im Prater, Öl/Leinwand, 39 x 29,5 cm, 1942
_back of the Lusthaus in the Prater, oil/canvas, 39 x 29.5 cm, 1942

Gottfried Goebel, Trophäenstillleben, 1941, Öl/Leinwand, 77 x 85 cm
_still life with trophy, 1941, oil/canvas, 77 x 85 cm

städtebauliche Projekte zur Zeit des NS-Regimes – Hanns Dustmanns Pläne für Wien

town planning in the time of the NS-Regime – plans for Vienna by Hanns Dustmann

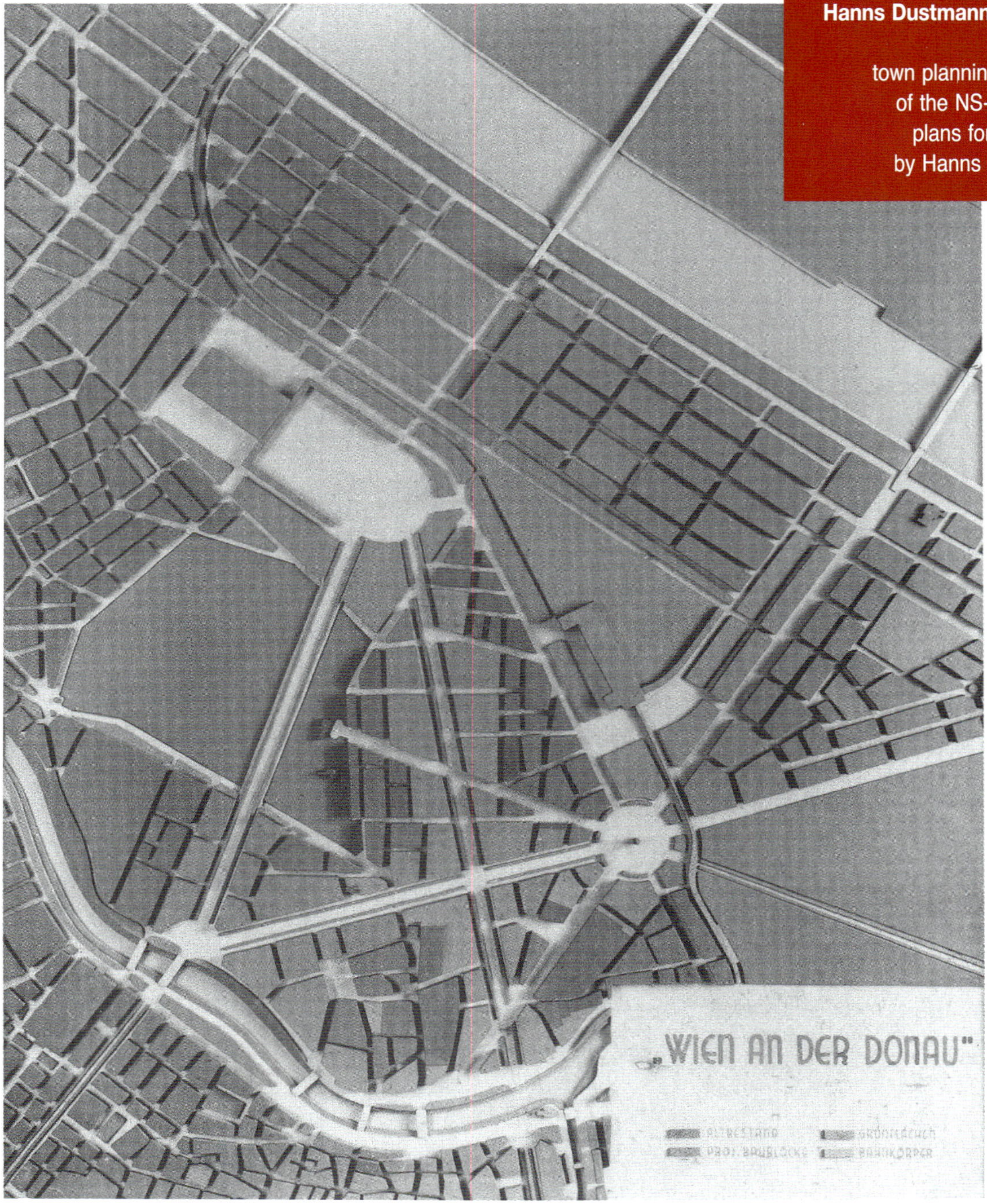

Hanns Dustmann, Plan „Wien an der Donau", 1938
_draft, „Vienna on the Danube", 1938

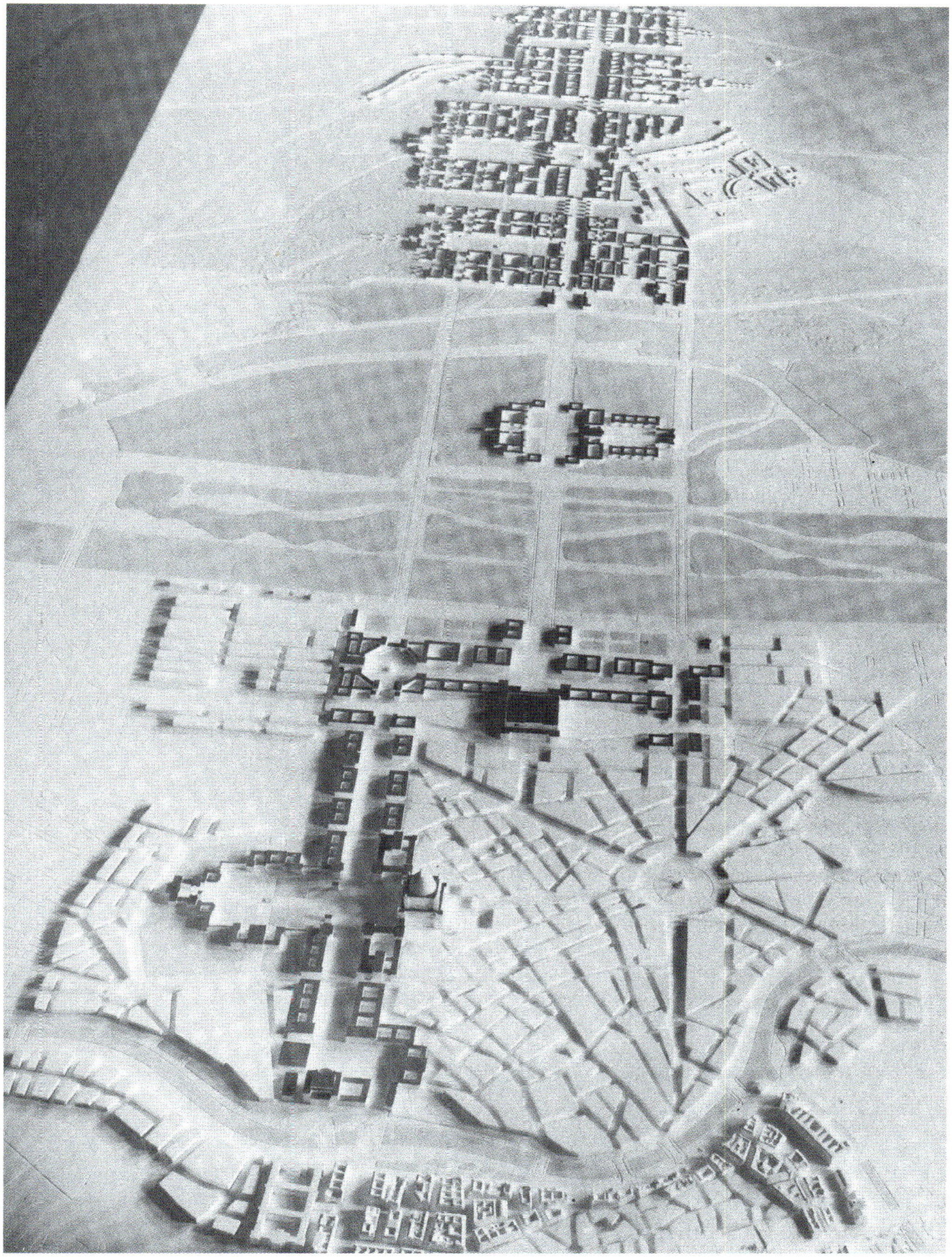

Hanns Dustmann, Modell „Nordstadt“, 1941
_model "Nordstadt" ("city in the north"), 1941

Siegfried und Werner Theiss & Hans Jaksch, Plan für die Gestaltung des Verteilerkreises der Reichsautobahn in Wien XXIII („Groß-Wien“), 1941
_sketch for the design of the Reichsautobahn roundabout in Vienna XXIII ("Groß-Wien"), 1941

Arthur Brusenbauch, Bau des Alberner Hafens, Tempera/Papier, 48 x 67 cm, 1940
_the construction of the Albern harbour, tempera/paper, 48 x 67 cm, 1940

Josef Hoffmann wurde 1941 Sonderbeauftragter des Kulturamtes für die künstlerische Neubildung des Wiener Kunsthandwerks

_became Special Commissioner of the Cultural Office for artistic restructuring of Viennese handicrafts in 1941

Josef Hoffmann, Wiener Verkaufsstelle Meissener Porzellan, Büro und Großer Verkaufsraum, um 1941
_Viennese shop for Meissen porcelain, office and large salesroom, ca. 1941

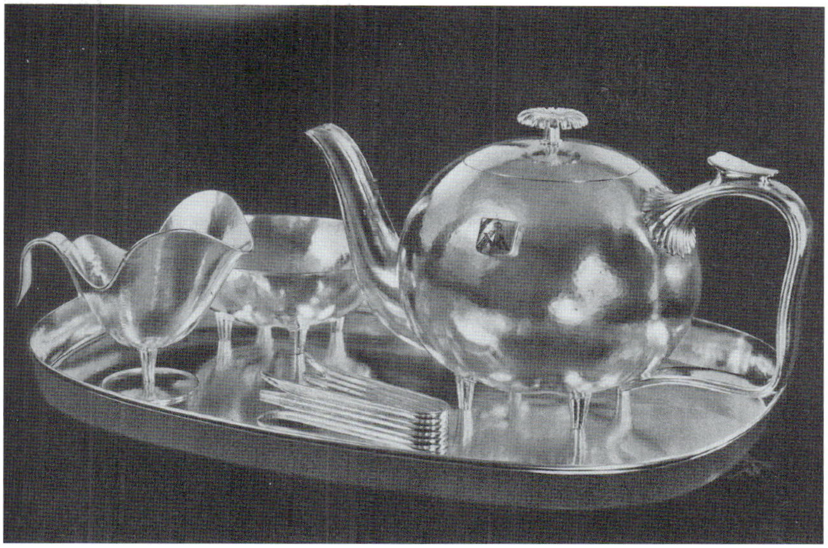

Oswald Haerdtl, Teeservice, Ausführung J. Klinkosch, Silber, um 1942
_tea set, manufactured by J. Klinkosch, silver, ca. 1942

Sepp Feischl, Entwurf für eine Tanzbar in einem Hotel in Dalmatien, um 1940
_sketch for a dance bar in a hotel in Dalmatia, ca. 1940

Verkaufsräume für Mode, Möbel und Kunsthandwerk – unausgeführte Entwürfe und Visionen in den ersten Kriegsjahren

salesrooms for fashion, furniture and handicraft – unexecuted designs and visions in the first years of the war

Franz Hoffmann, Entwurf für eine Kabine in einem Damenmodengeschäft, um 1942
_sketch for a dressing room in a ladies' boutique, ca. 1942

Franz Hoffman, Entwurfszeichnung für einen Modeverkaufsraum, um 1940
_sketch for a fashion salesroom, ca. 1940

Carl Appel, Verkaufslokal „A. Artner & Sohn", Wien, um 1941
_salesroom "A. Artner & son", Vienna, ca. 1941

Franz Hoffman, Entwurfszeichnung für einen Modevorführungsraum, um 1940
_sketch for a fashion showroom, ca. 1940

Wilhelm Amberger, Entwurf für ein Möbelgeschäft, um 1940
_sketch for a furniture shop, ca. 1940

Servierwagen, vermessingtes Metallgestell auf Rädern mit zwei Glasablagen, um 1940/1950
_serving trolley, brass-coated metal framework on wheels with two glass shelves, ca. 1940/1950

Carl Auböck, Tisch, Nussholz, 1940/1942
_table, nutwood, 1940/1942

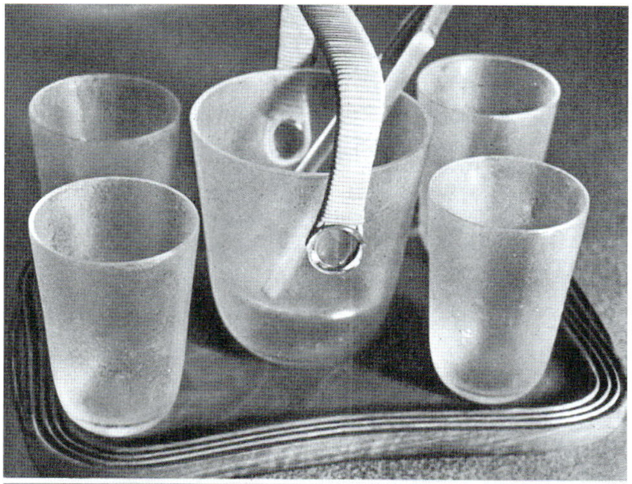

Carl Auböck, Eiskübel und Holzschalen mit Tischglocke, um 1942
_ice bucket and wooden bowls with table bell, ca. 1942

Carl Auböck, Schalen, Nussholz, Messing, 1940/1942
_bowls, nutwood, brass, 1940/1942

Carl Auböck, Aschenbecher, Messing, Rohrgeflecht 1946/1947
_ashtray, brass, cane work, 1946/1947

Wilhelm Amberger, Entwurf für einen Verkaufsraum für Kunsthandwerk, um 1940
_design for a sales room for handicraft, ca. 1940

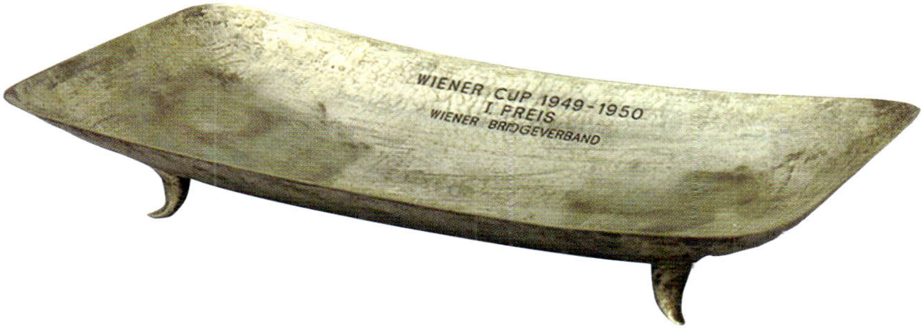

Schale, 1. Preis für den „Wiener Cup" 1949–1950, Ausführung Werkstätte Hagenauer, Wien, um 1949
_dish, 1st price for the "Vienna Cup" 1949–1950, manufactured by Werkstätte Hagenauer, Vienna, ca. 1949

Antilopenkopf, Entwurf und Ausführung Werkstätte Hagenauer, Wien, 1940er
_antelope's head, designed and manufactured by Werkstätte Hagenauer, Vienna, 1940s

Pferd, Entwurf und Ausführung Werkstätte Hagenauer, 1940er
_horse, designed and manufactured by Werkstätte Hagenauer, 1940s

privater Wohnhausbau – Villen in der Vorstadt

private housing – suburban villas

Carl Appel, Mehrfamilienhaus in Wien, um 1941
_multi-family house in Vienna, ca. 1941

Carl Appel, Mehrfamilienhaus in Wien, Inneres, um 1941
_multi-family house in Vienna, Interior, ca. 1941

Georg Lippert, Gartenraum in einer Villa, Wien XIII, um 1948
_garden room in a Villa,
Vienna XIII, ca. 1948

Carl Appel,
Wohnung Ing. B.,
Wohnraum, um 1940
_flat engineer B., living room, ca. 1940

Oskar Riedel, Sitzecke in einem Kinderzimmer, um 1948
_corner in a nursery, ca. 1948

Oskar Riedel, Kinderzimmer in einer Wiener Wohnung, um 1941
_nursery in a Viennese flat, ca. 1941

Franz Schuster – der Siedlungsbau und die Auseinandersetzung mit dem „Sozialmöbel" im Sinne der Nationalsozialisten

_colony housing and the development of "social furniture" in accordance with the wishes of the National Socialists

Franz Schuster, Küche in einem Siedlungshaus, Preis für die Möblierung: 280 RM, um 1940
_kitchen in a colony-house, price for the furnishing: 280 RM, ca. 1940

Franz Schuster, Nähtisch in einem „Volkswohnhaus", um 1940
_sewing table in a "people's residential building", ca. 1940

Franz Schuster, Wohn- und Essraum, um 1942
_living and dining room, ca. 1942

Wilhelm Amberger, Entwurf für einen Wohnraum mit Durchreiche zur Küche, um 1941
_design for a livingroom with service hatch to the kitchen, ca. 1941

Friedrich Krottendorfer, Entwurf für einen Wohnraum in einem Siedlungshaus, um 1941
_sketch for a living room in a colony house, ca. 1941

Friedrich Krottendorfer, Entwurf für ein Elternschlafzimmer in einem Siedlungshaus, um 1942
_sketch for the parents' bedroom in a colony house, ca. 1942

Franz Schuster, Schlafzimmer in Siedlungshaus, um 1940
_bedroom in a colony house, ca. 1940

Carl Appel, Bauernstube im Untergeschoss einer Wohnung, um 1941
_rustic farmhouse-style living room in the basement of a flat, ca. 1941

Rudolf Eisler, Heuriger in Wien, Grinzing, um 1940
_"Heuriger" (wine tavern) in Vienna,Grinzing, ca. 1940

Siegfried Theiss und Hans Jaksch, Sitzungssaal der Raiffeisenkasse in Gröbming, Steiermark, um 1940
_assembly hall of the Raiffeisen savings bank in Gröbming, Styria, ca. 1940

Oskar Riedel, ländlicher Wohnraum, um 1948
_rural living room, ca. 1948

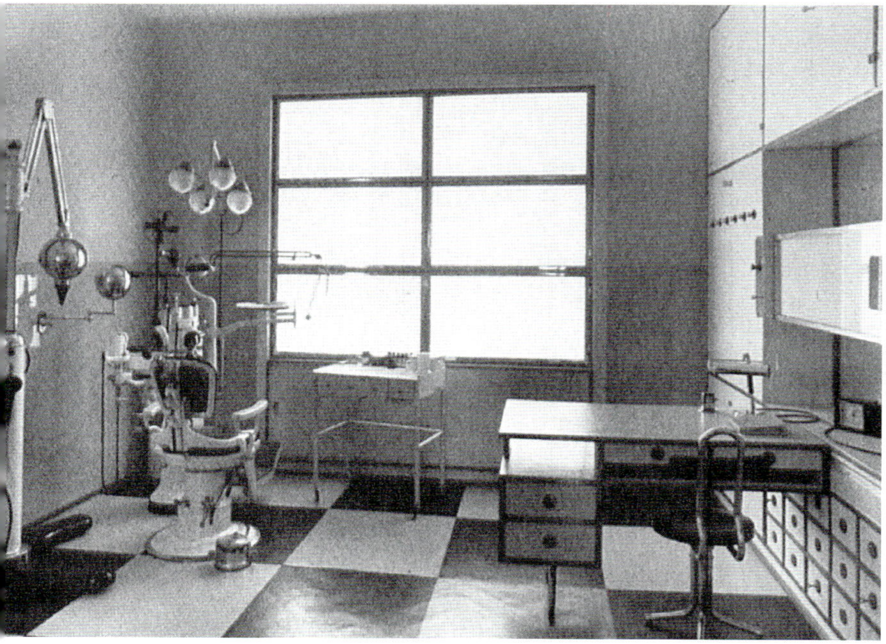

Franz Zajicek, Behandlungszimmer eines Wiener Arztes, um 1943
_office of a Viennese doctor, ca. 1943

Carl Appel, Chefbüro Ingenieur B., deutsches Nussbaumholz, Leder, olivgrüne Tapete, um 1942
_office of engineer B., German nutwood, leather, olive-green wallpapers, ca. 1942

Gemeindewohnbau zur Zeit des NS-Regimes

_social housing during the NS-regime

1938 wurde der Nationalsozialist Hermann Neubacher aus dem Bauressort Wiener Bürgermeister. Die nationalsozialistischen Stadtplaner wälzten große Ideen und Pläne – in erster Linie Propagandamaßnahmen. Entgegen den anfänglichen Plänen wurde mehr in Kriegsbauten als in den Wohnbau investiert

_in 1938 the National Socialist Hermann Neubacher from the building authority became mayor of Vienna. The National Socialist urban planners had pretentious ideas and plans – primarily propaganda measures. Against the initial plans, more money was invested in war buildings than in residential buildings.

2012

Rudolf Felsenstein, Gemeindebau der Stadt Wien, Wien XIV, Dreyhausengasse 28–30, 1942
_social housing of the municipality of Vienna, Vienna XIV, Dreyhausengasse 28–30, 1942

2012

Rudolf Eisler, Gemeindebau der Stadt Wien, Wien XV, Camillo Sitte-Gasse 11-13, 1943 – 1944
_ social housing of the municipality of Vienna, Vienna XV, Camillo Sitte-Gasse 11-13, 1943 – 1944

2012

Hans Jaksch, Siegfried und Werner Theiss, Gemeindebau der Stadt Wien, Wien XII, Wolfganggasse 50-52, 1941 –1943
_ social housing of the municipality of Vienna, Vienna XII, Wolfganggasse 50-52, 1941 – 1943

Anzeige für Semperit-Reifen, 1943_
advertisement for Semperit-tyres, 1943

Hans Schachinger, „Ostmärkische“ Bauernfamilie, 1940
_farmer's family in the "Ostmark", 1940

Siegfried Stoitzner, Nach dem Schuss, um 1943
_after the shot, ca. 1943

Karl Mader, Rast der Schnitter, um 1943
_the reapers' rest, ca. 1943

Sepp Mairhuber, Burschenschaftermahnmal im „Anschlußturm“, Linz, Oberösterreich, Fresko
_“fraternity memorial“ in the “Anschluss-tower”, Linz, Upper Ausria, fresco

Ancreas Patzelt, Mädchenbildnis, Öl/Leinwand, um 1940
_portrait of a girl, oil/canvas, ca. 1940

Wilhelm Dachauer, Der Sturzacker, um 1940
_the newly ploughed field, ca. 1940

das bäuerliche Ideal in der Malerei der 40er Jahre

the rustic ideal in painting in the 40s

Robert Angerhofer, Mädchen aus Oberdonau, um 1940
_girl from "Oberdonau" (upper Danube), ca. 1940

Paul Kassecker, Mädchen mit Zöpfen, 1948, Öl/Faserplatte, 52 x 44 cm
_girl with braids, 1948, oil/fibreboard, 52 x 44 cm

Max Hirschenauer, Junge Frau aus Oberdonau, um 1942
_young woman from "Oberdonau" (upper Danube), ca. 1942

Max Hirschenauer, zwei Linzerinnen, Pastellstudien, um 1940
_two women from Linz, pastel studies, ca. 1940

Rudolf Böttger, Selbstbildnis, 1949
_self portrait, 1949

Rudolf Eisenmenger, Selbstbildnis, Tempera/Holz, 1945, 37 x 27 cm
_self portrait, tempera/wood, 1945, 37 x 27 cm

Anzeige für Rosenthal Porzellan, 1941
_advertisement for Rosenthal porcelain, 1941

Foto aus der Zeitschrift „Die Pause", 1940, in BDM-Kursen auf der Wiener Frauenakademie werden Brauttruhen mit Nazi-Runen und Bauernblumen bemalt.
_picture from the journal "Die Pause", 1940, bride's chests are painted with Nazi-runes and flowers in BDM-courses at the Vienna women's academy.

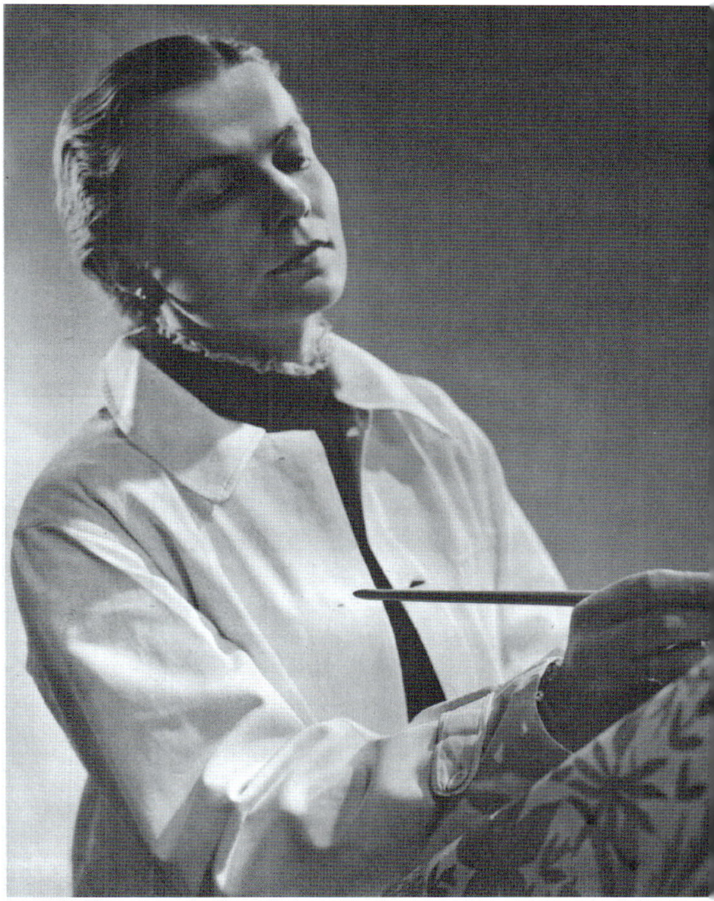

Werbung für die Sonderschau des Wiener Kunsthandwerkvereins, 1940
_advertisement for the special exhibition of the Vienna arts and crafts association, 1940

Fotografie „Die Kunsthandwerkerin" in der Zeitschrift „Die Pause", 1940
_photography "The artisan" in the journal "Die Pause", 1940

Robert Ullmann, „Kämpfende Hengste“, Porzellan, 1940er
_“fighting stallions“, porcelain, 1940s

Atelier für künstlerische Gravuren Albin Weber, Wien, Deckelpokal, Prometheus-Legende, um 1950
_studio for artistic engraving Albin Weber, Vienna, goblet, Prometheus legend, ca. 1950

Atelier für künstlerische Gravuren Albin Weber, Wien, Souvenir-Gläser, um 1950
_studio for artistic engraving Albin Weber, Vienna, souvenir-glasses, ca. 1950

Robert Ullmann, Anmut, Laaser Marmor, 1940
_grace, marble from Laas, 1940

**„Nach der Befreiung im Jahr 1945, als ich auf dem Weg zurück inmeine Heimatstadt Bratislava war, blieb ich für eine kurze Zeit im ukrainischen Užhorod.
Dort wurde ich von einem Offizier der Roten Armee beauftragt, dieses Plakat nach einer Vorlage zu malen.
Es zeigt Hitler auf den Trümmern von Berlin.
Kurz vor seinem Ende versucht er verzweifelt, seine Schergen – Himmler, Göring, Goebbels – und die lebenden, verletzten und toten Soldaten zusammen zu horten.“**

Adolf Frankl

“After the liberation in 1945, as I was on my way back to my home town Bratislava, I stayed for a short time in the Ukrainian Užhorod.
I was ordered by an officer of the Red Army to paint this poster after a model.
It shows Hitler on the ruins of Berlin.
Shortly before his end he tries desperately to gather his henchmen – Himmler, Göring, Goebbels – and the living, wounded and dead soldiers together.”

Adolf Frankl

Der Stau am Berliner Knoten – Fünf Minuten vor Zwölf, um 1945, Aquarell, 120 x 85 cm
_The holdup at the Berlin junction – Five minutes to twelve, ca. 1945, watercolour, 120 x 85 cm

Robert Angerhofer, Frau vor Trümmern, nach 1945
_woman in front of ruins, after 1945

die Kriegsschäden und die Diskussion um den Wiederaufbau Wiens im Jahr 1946

war damages and the discussions about Vienna's reconstruction in the year 1946

Herta Gobanz-Czoernig, Demolierung des Haas Hauses, 1947, Mischtechnik/Papier, 62 x 58 cm
_demo ition of the Haas house, 1947, mixed technique/paper, 62 x 58 cm

Oberbaurat Erich Leischner in „Der Aufbau", 1946:

„Historisch und architektonisch wertvolles Gebäude mit umfangreichem Bombenschaden. Getreu dem alten Bestand wiederherzustellen."

"historically and architecturally important building with extensive bomb damage. Reconstruct in accordance with the old building."

Ansicht der Albertina, Wien I, nach dem Krieg
_view of the Albertina, Vienna I, after the war

Oberbaurat Erich Leischner in „Der Aufbau", 1946:

„Architektonisch und historisch wertvolles Gebäude (Staatsoper), im Äußeren unverändert zu belassen, im Inneren nach modernen Grundsätzen neu zu gestalten."

"architecturally and historically important building (state opera), the outside appearance should be left unmodified, the inside is to be rebuilt following the latest principles."

Ansicht der Wiener Staatsoper nach dem Krieg; Wiederaufbau durch E. Boltenstern 1946–1955
_view of the Vienna State Opera after the war; rebuilding by E. Boltenstern 1946–1955

Oberbaurat Erich Leischner in
„Der Aufbau", 1946:

„Architektonisch bedeutungslose und zumindest zum Teil nach unseren Begriffen ganz unmögliche Fassaden. Sollten richtigerweise vollkommen neugestaltet oder überhaupt durch Neubauten ersetzt werden."

"architecturally meaningless and at least for our terms completely impossible façades. Should be entirely remodeled or replaced by new buildings."

Wiener Fassade mit Kriegsschäden, 1945
_Viennese front with war damages, 1945

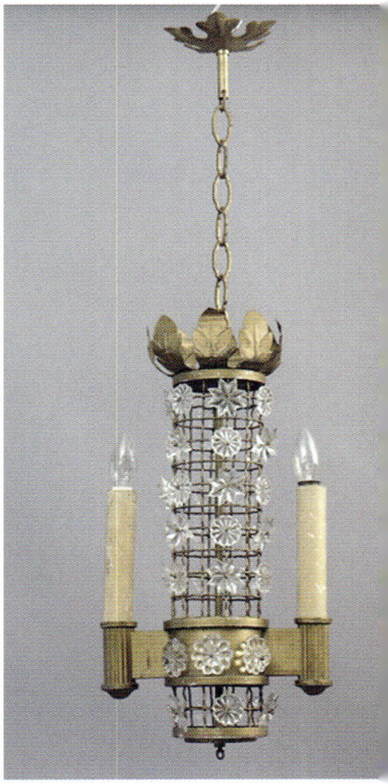

Carl Appel, Restaurierung der Sofiensäle, Wien III, Marxergasse 17, 1949 (2001 durch einen Brand zerstört)
_renovation of the Sofiensäle, Vienna III, Marxergasse 17, 1949 (destroyed by a fire in 2001)

Carl Appel, Luster für die Sofiensäle, Ausführung J. & L. Lobmeyr, Blech, Gitterdraht, Glas, H 92 cm, B/D 26 cm, T 13 cm, 1948
_chandelier for the Sofiensäle, manufactured by J. & L. Lobmeyr, panel sheet, fence wire, glass, h 92 cm, w/d 26 cm, d 13 cm, 1948

„Teilweise gute Bauten aus der Ringstraßenzeit, das Eckhaus von C. König. Wären wohl in der alten Form instand zu setzen gewesen. Die Häuser mussten jedoch mittlerweile gesprengt werden. Was an ihre Stelle treten soll, ist einem Wettbewerb vorbehalten.“

“partially good buildings from the Ringstraßen-era, the corner house from C. König. Should have been rebuilt in their old style. However the houses had to be demolished. What will be built instead will be decided through a competition.”

Rotenturmstraße/Franz Josefs-Kai Richtung Stephansplatz, mit dem zerbombten „Rotenturm-Hof“ von C. König (1889), Wien I, 1945
_Rotenturmstraße/Franz Josefs-Kai towards Stephansplatz, with the bombed “Rotenturm-Hof” by C. König (1889), Vienna I, 1945

Carl König, Rotenturm-Hof,
Ansicht um 1910
_Rotenturm-Hof, view ca. 1910

2012

der Wiederaufbau nach 1945 – unrealisierte Projekte zur Neugestaltung Wiens

the reconstruction after 1945 – unexecuted projects for Vienna's redevelopment

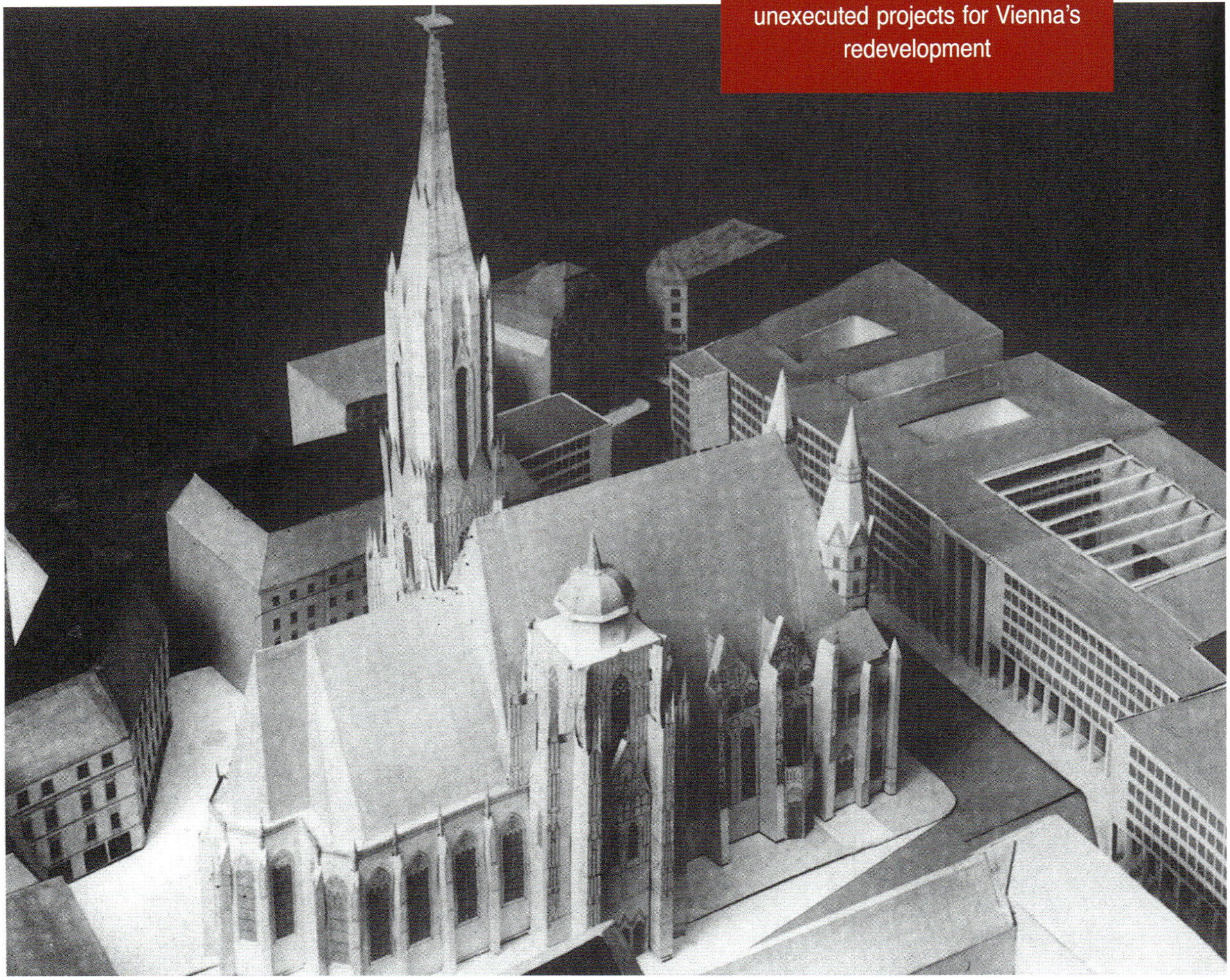

Entwurf der CIAM-Gruppe (O. Haerdtl, W. Schütte, K. Schwanzer) zur Neugestaltung des Stephansplatzes, Wien I, 1948
_model by the CIAM group (O. Haerdtl, W. Schütte, K. Schwanzer) for the modification of the Stephansplatz, Vienna I, 1948

Egon Friedinger, Entwurf zur Neugestaltung des Stephansplatzes, Wien I, 1946
sketch for the modification of the Stephansplatz, Vienna I, 1946

Lois Welzenbacher, Entwurfsmodell zur Neugestaltung des Donaukanals, Wien I bzw. II., 1946
_architectural model for the modification of the Danube canal, Vienna I. and. II, 1946

Siegfried Theiss und Hans Jaksch, Entwurf zur Neugestaltung des Karlsplatzes, Torbogen zur Wiedner Hauptstraße, Wien I bzw. IV, 1946
_sketch for the modification of the Karlsplatz, archway to Wiedner Hauptstraße, Vienna I resp. IV, 1946

Villen in der Vorstadt – Vorschläge zur „Verbesserung" und Umgestaltung bestehender Bauten

suburban Villas – suggestions for the „improvement" and reconstruction of existing buildings

originale Bildunterschrift in der Zeitschrift „Der Aufbau", 1947
_original caption in the journal „Der Aufbau" (The reconstruction), 1947

„Haus in Hadersdorf. Fremdkörper in der Landschaft, Galgenfenster, drei Kamine, ungelöste und unkonsequente Horizontalteilung durch Putzelemente"
_"House in Hadersdorf, a foreign body in the landscape, transom-style windows, three chimneys, unsolved and inquonsequential horizontal division through plaster elements."

„Gegenvorschlag: Harmonie mit der Landschaft und Umgebung, gute Dachhaube, bessere Allgemeinproportionen, Verzicht auf alle Putzornamentik"
_"counter proposal: harmony with the landscape and the surroundings, good roof line, improved proportions, no plastering elements."

originale Bildunterschrift in der Zeitschrift „Der Aufbau", 1947
_original caption in the journal „Der Aufbau" (The reconstruction), 1947

„Villa in Lainz, ‚Architektur'-Landschaft aller möglichen Formenelemente, unruhiges Fassadenbild, missverstandene Zweckbetonung einzelner Teile, grobschlächtige Details"
_"Villa in Lainz, ‚architectural'-landscape of various formal elements, the facade appears restless, misunderstood emphasis on the purpose of particular parts, coarse details."

„Gegenvorschlag: Möglichst vereinfachte Dach- und Hausform, Verzicht auf ‚Architektur', bessere Kaminlösung, bescheidene Einordnung in das Ortsbild, einfachste Details."
_"counter proposal: simplified shape of the roof and the house, no 'architecture', improved chimney-solution, modest integration into the surrounding, most simple details."

Carl Appel, Entwurf für die Wohnung Riesenhuber, 1946
_sketch for the "Riesenhuber" flat, 1946

Oswald Haerdtl, Barschrank, Armlehnsessel und Tischchen, um 1942
_drinks cabinet, chair and small table, ca. 1942

Ernst Paar, Stillleben, 1946, Öl/Textil,51 x 64 cm
_still life, 1946, oil/textile, 51 x 64 cm

Anton Kolig, Selbstbildnis, 1941, Öl/Leinwand, 61,5 x 41,5 cm
_self-portrait, 1941, oil/canvas, 61,5 x 41,5 cm

Josef Vietze, Bildnis Heinrich Hönich, Öl/Leinwand
_portrait of Heinrich Hönich, oil/canvas

Robert Fuchs, Vision, Öl/Leinwand, 1947
_vision, oil/canvas, 1947

Wilhelm Dachauer, Die bösen Perchten, nach 1945
_the evil "Perchten", after 1945

Fritz Fröhlich, Der verlorene Sohn, 1946
_the prodigal son, 1946

Carl Appel, Schlafraum Wohnung A., um 1940
_bedroom in flat A., ca. 1940

Otto Schipek, Entwurf für ein Schlafzimmer, um 1942
_sketch for a bedroom, ca. 1942

Roland Rainer, Musterwohnung in der Ausstellung „Die Frau und ihre Wohnung", 1950
_show flat at the exhibition "A woman and her flat", 1950

Sepp Feischl, Entwurf, Wohnraum der Dame, um 1942
_sketch for a living room for a lady, ca. 1942

Oskar Riedel, Haus für eine alleinstehende Dame, um 1948
_house for a single lady, ca. 1948

Wohnraum mit Bibliotheks-, Schlaf- und Arbeitsnische im Wohnhaus für eine alleinstehende Dame, um 1948
_living room with library-, sleeping and working niches In the house for a single lady, ca. 1948

Robert Fuchs, Bildnis einer Dame (Johanna Assmann), um 1949
_portrait of a lady (Johanna Assmann), ca. 1949

Richard Teschner, Brosche für die „Reichsanstalt Mutter und Kinderfürsorge" in Wien, Silber, um 1940, H 5,2 cm, DM 4,2 cm
_brooch for the "Reichs-institute for mother- and childcare" in Vienna, ca 1940, h 5,2 cm, dm 4,2 cm

Anzeige für Palmers Strümpfe, 1949
_advertisement for Palmers stockings, 1949

Josef Frank **emigrierte 1933 nach Schweden und entwarf Möbel und Stoffe für die schwedische Firma Svenskt Tenn**

_emigrated to Sweden in 1933 and designed furniture and fabrics for the swedish company Svenskt Tenn

Josef Frank, Stehlampe, Modell Nr. 2142, Ausführung Svenskt Tenn, Leder, Metall, Messing, H 190 cm, 1940er
_standard lamp, model no. 2142, manufactured by Svenskt Tenn, Sweden, leather, metal, brass, h 190 cm, 1940s

Josef Frank, Ausführung Svenskt Tenn, Sessel, 1946, Mahagoni, H 83 cm, W 58 cm
_manufactured by Svenskt Tenn, chair, 1946, mahogany, h 83 cm, w 58 cm

Josef Frank, Ausführung Svenskt Tenn, Hocker, 1941, Nuss poliert, Leder, Messingnägel, H 39 cm
_manufactured by Svenskt Tenn, stool, 1941, polished nutwood, leather, brass nails, h 39 cm

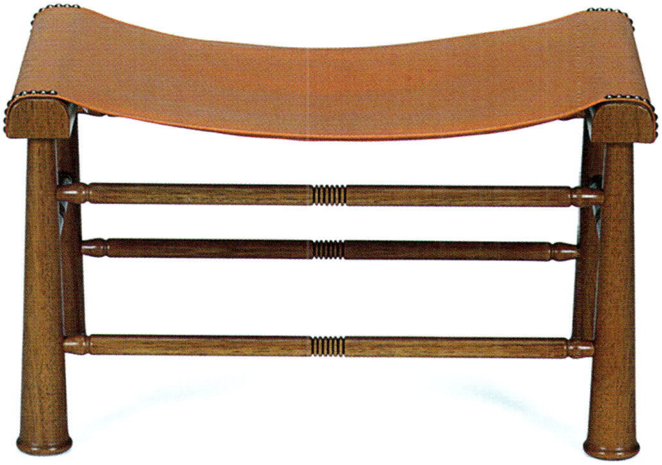

Josef Frank, Stoffentwürfe „Hawaii“ und „Brasilien“ für Svenskt Tenn, 1943–1945
_fabric pattern “Hawaii” and “Brazil““ for Svenskt Tenn, 1943–1945

Josef Frank, Hocker, Mahagoni, 1940, H 40 cm, W 62 cm
_stool, mahogany, h 40 cm, w 62 cm

Josef Frank, Stoffmuster für Svenskt Tenn, „Sonntagmorgen“, „Sternenwiese“, „Wunderbaum“, 1940er
_fabric patterns for Svenskt Tenn, “Sunday morning”, “star meadow”, “tree of wonders”, 1940s

Ernst Schwadron **emigrierte 1938 nach New York und arbeitete für Rena Rosenthal; später gründete er die Einrichtungsfirma „Ernst Schwadron Inc."**

_emigrated to New York in 1938 where he worked for Rena Rosenthal; later on he founded the furnishing company "Ernst Schwadron Inc."

Ernst Schwadron, Haus in New York, USA, vor 1950
_house in New York, USA, before 1950

Ernst Schwadron, Haus in New York, USA, Küche und Wohnzimmer, vor 1950
_house in New York, USA, kitchen and living room, before 1950

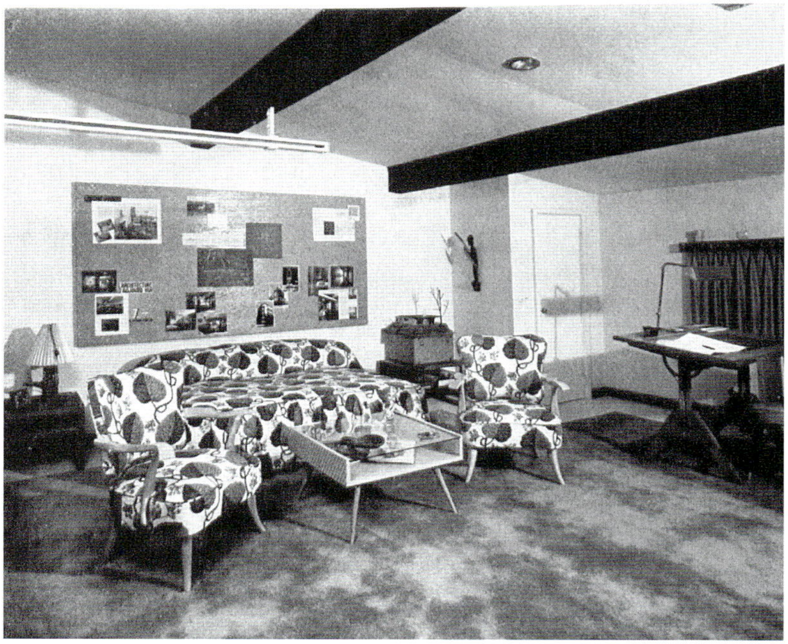

Ernst Schwadron, Atelier des Künstlers, vor 1950
_the artist's studio, before 1950

Ernst Schwadron, Inneneinrichtung für die Verkaufsräume der American Crayon Company, Rockefeller Center, New York, 1945
_interior design for the salesrooms of the American Crayon Company, Rockefeller Center, New York, 1945

Walter Sobotka emigrierte 1938 nach New York, entwarf für die Firma Thonet Bugholzmöbel und arbeitete für Russel Wright. 1940 wurde er an die Carnegie University Pittsburgh berufen. Als Architekt war er erst wieder nach seiner Emeritierung tätig.

_emigrated to New York in 1938, he designed bent wood chairs for Thonet & Co. and worked for Russel Wright. In 1940 he was appointed to Carnegie University Pittsburgh and worked as an architect only after his retirement.

Walter Sobotka, Umgestaltung einer Mietwohnung in New York, USA , um 1949
_modification of a flat in New York, USA, ca .1949

Walter Sobotka, Umgestaltung einer Mietwohnung in New York, USA, und Bugholzmöbel für die Fa. Thonet, um 1949
_modification of a flat in New York, USA, and bent wood furniture for Thonet & Co., ca. 1949

Richard Neutra ging schon 1920 nach Berlin und übersiedelte 1923 in die USA (New York, Chicago, Los Angeles). 1932 Mitarbeit an der Werkbundsiedlung in Wien XIII. 1966 kehrte Neutra für drei Jahre nach Wien zurück.

_went to Berlin already in 1920. In 1923 he moved to the USA (New York, Chicago, Los Angeles). In 1932 he designed a house for the Werkbundsiedlung, Vienna XIII. In 1966 Neutra returned to Vienna for three years.

Richard Neutra, Haus Van Cleef, Westwood, USA, um 1948
_house Van Cleef, Westwood, USA, ca. 1948

Richard Neutra, Haus Van Cleef, Westwood, USA, um 1948
_house Van Cleef, Westwood, USA, ca. 1948

Moderne in Österreich nach 1945

modernism in Austria after 1945

Eugen Wörle, Max Fellerer, Städtisches Strandbad „Gänsehäufel", Restaurantterrasse, Wien XXII, Moissigasse 21, 1948–1950 (Wiederaufbau)
_municipal bathing beach "Gänsehäufel", restaurant terrace,
Vienna XXII, Moissigasse 21, 1948–1950 (reconstruction)

Eugen Wörle, Max Fellerer, Städtisches Strandbad „Gänsehäufel", Umkleidekabinen und Blick auf den Strand, Wien XXII, Moissigasse 21, 1948–1950 (Wiederaufbau)
_municipal bathing beach "Gänsehäufel", locker rooms and view towards the beach, Vienna XXII, Moissigasse 21, 1948–1950 (reconstruction)

„Die ‚Internationale Kulturstätte Hörndlwald‘, (...) wurde wohl aus dem Geist der sozialistischen Jugendkultur der dreißiger Jahre geschaffen. Heute, auf dem Weg zur Ruine, vermittelt der Bau auch architektonische Träume der fünfziger Jahre: Naturverbundenheit, Öffnung zu Luft, Sonne und Landschaft, aber auch zu den Kulturen der Welt.“

Friedrich Achleitner

„The ‘International cultural institute Hörndlwald’, (...) seems to derive from the spirit of the socialist youth culture of the 30s. Today, on its way to a ruin, the building also shows architectural dreams of the 50s: the affinity to nature, opening to air, sun and landscape, and also to the world‘s cultures.“

Friedrich Achleitner

Julius Bergmann, Rudolf J. Böck, Adolf Hoch, Josef Afritsch Heim, Wien XIII, Hörndlwald, 1949–1950
_Josef Afritsch home, Vienna XIII, Hörndlwald, 1949–1950

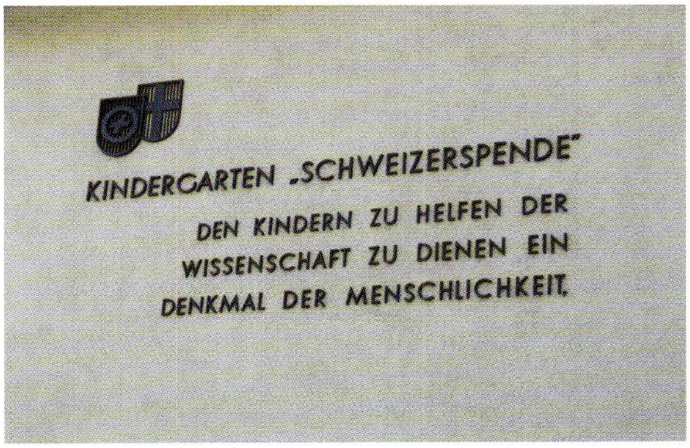

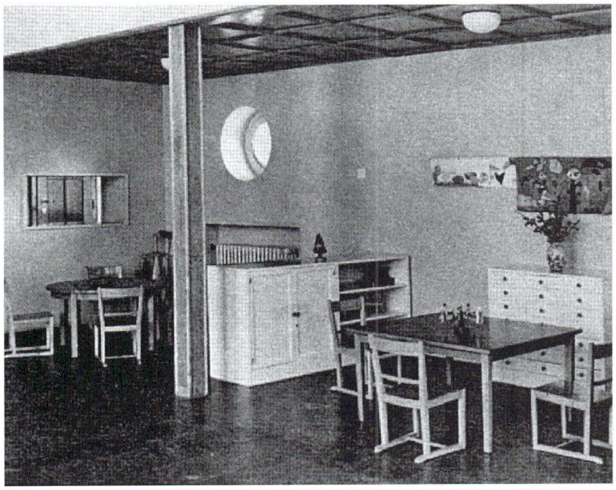

Franz Schuster, Schweizerspende Kindergarten, Wien XIV, Auer-Welsbach Park, 1948 – 1949
_Schweizerspende kindergarten, Vienna XIV, Auer-Welsbach Park, 1948 – 1949

Alfons Hetmanek, Künstlerhaus-Kino, Sgraffitto-Malerei von Leopold Schmid, Wien I, Akademiestraße 13, 1949
_Künstlerhaus cinema, sgraffitto painting by Leopold Schmid, Vienna I, Akademiestraße 13, 1949

Leo Kammel, Wiederaufbau Weltspiegel-Kino, Außenansicht und Foyer. Wien XVI, 1949/1950
_reconstruction of the Weltspiegel cinema, exterior view and foyer, Vienna XVI, 1949/1950

Carl Appel, Warenhaus Neumann (heute „Steffl"), Wien I, Kärntnerstraße 19, 1950
_department store Neumann (today "Steffl"), Vienna I, Kärntnerstraße 19, 1920

2012

Oswald Haerdtl, Volksgarten Pavillon, Wien I, Burgring, 1947–1950
_Volksgarten pavillion, Vienna I, Burgring, 1947–1950

Leonhard Bechny, Papageno-Bar und Tabaris-Bar, Salzburg, um 1950
_Papageno bar and Tabaris bar, Salzburg, ca. 1950

Oskar Riedel, Espresso Café Haag, Wien, um 1948
_espresso café Haag, Vienna, ca. 1948

Oswald Haerdtl, Arabia Café, Umbau und Einrichtung, Wien I, Kohlmarkt 5 (1999 abgerissen), 1950
_Arabia café, reconstruction and furnishing, Vienna I, Kohlmarkt 5 (destroyed in 1999), 1950

Oswald Haerdtl, Sessel im Arabia Café, Nussbaumholz, Kunstleder, 1950
_chairs in the Arabia café, nutwood and artificial leather, 1950

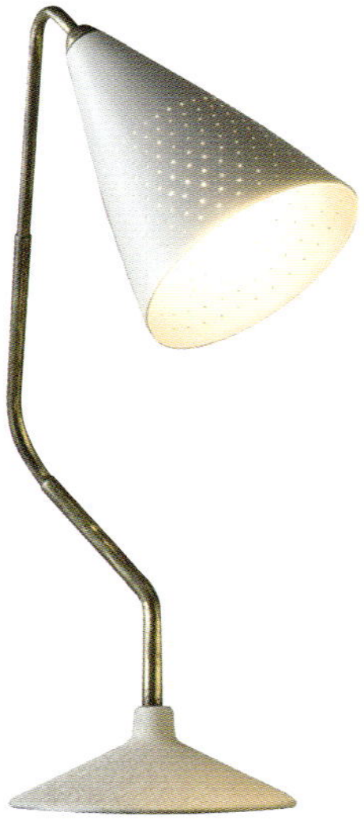

Tischlampe, Österreich, um 1950
_table lamp, Austria, ca. 1950

Franz Hagenauer, Tischlampe, Flamingo, Ausführung Werkstätte Hagenauer, Gusseisen, Messing, Aluminium, H 45 cm, B/D 17 cm, um 1950
_table lamp "flamingo", manufactured by Hagenauer,
cast iron, brass, aluminium, h 45 cm, w/d 17 cm, ca. 1950

Glasschrank, Eichenholz, Aluminium, H 149 cm, B 111 cm, T 30 cm, um 1950
_glass cabinet, oak wood, aluminium, h 149 cm, w 111 cm, d 30 cm, ca. 1950

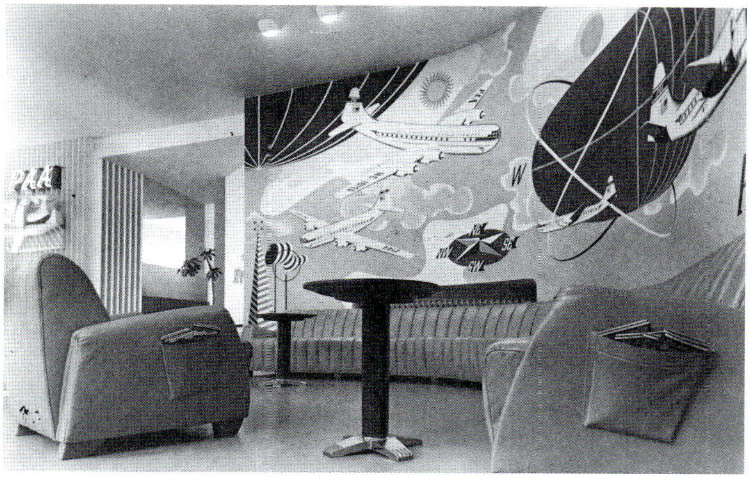

Oswald Haerdtl, Umbau/Einrichtung Pan American World Airways (nicht erhalten), Wien I, 1946
_modification/interior design Pan American World Airways (not preserved), Vienna I, 1946

Eugen Wörle (zug.), Sessel, Leder, Metall, H 78 cm, B 65 cm, um 1950
_chair, leather, metal, h 78 cm, w 65 cm, ca. 1950

Erich Boltenstern, Sessel, Nussholz, Skai (Kunstleder), H 88cm, B 60 cm, um 1950
_chair, nutwood, skai (artificial leather), h 88 cm, w 60 cm, ca. 1950

Oswald Haerdtl, Haus Bablik, Wien XVIII, Haizingergasse 36, 1948
_ house Bablik, Vienna XVIII, Haizingergasse 36, 1948

Carl Unger, Gusshausplatz mit Zirkus, 1948, Öl/Leinwand, 89 x 97 cm
_Gusshausplatz with circus, 1948, oil/canvas, 89 x 97 cm

die Anfänge der Wiener Schule des Phantastischen Realismus – Brauer, Fuchs, Hausner, Hutter und Lehmden

the beginnings of the Vienna School of Fantastic Realism – Brauer, Fuchs, Hausner, Hutter and Lehmden

Rudolf Hausner, Die Arche des Odysseus, Studie I, 1948, Aquarell/Papier, 31 x 35 cm
_Odysseus' ark, study I, 1948, watercolour/paper, 31 x 35 cm

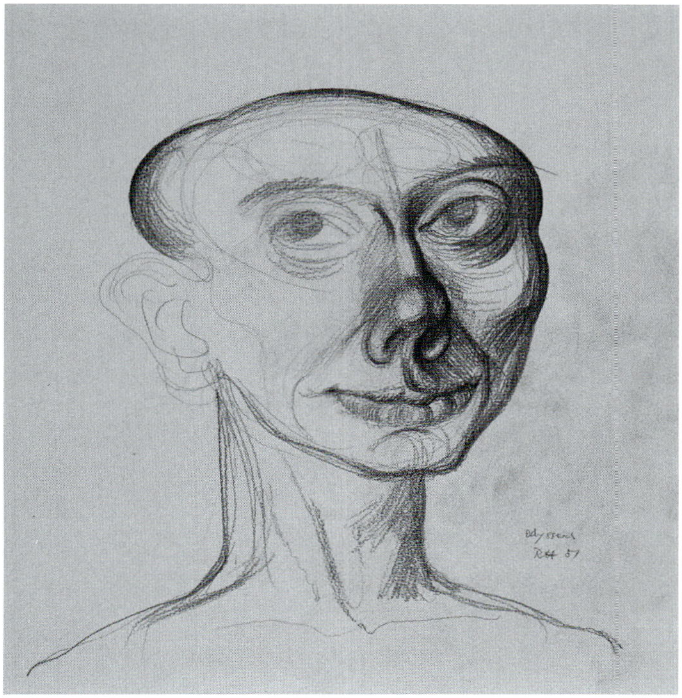

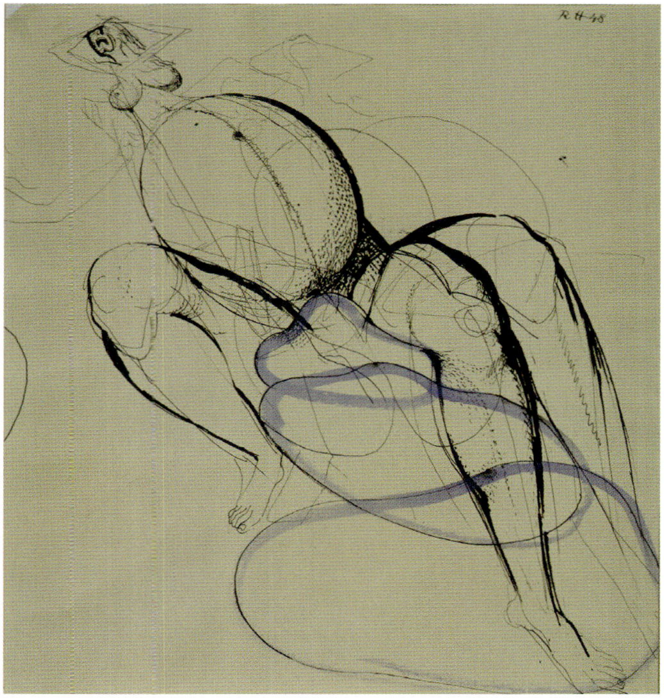

Rudclf Hausner, Die Arche des Odysseus, Studie II, 1951, Bleistift/Papier, 48 x 35 cm; Studie III, 1948 Aquarell/Papier, 46 x 50 cm
_Odysseus' ark, study II, 1951, pencil/paper, 48 x 35 cm; Study III, 1948, watercolour/paper, 31 x 35 cm

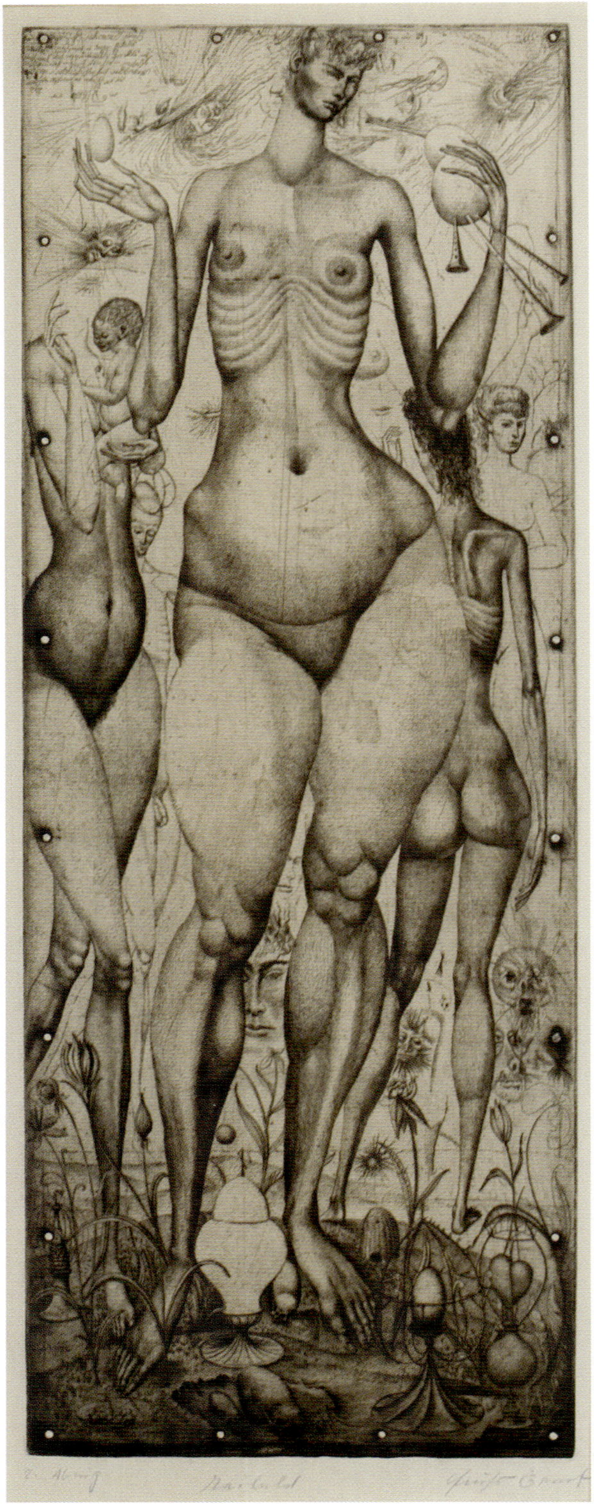

Ernst Fuchs, Maibild, 1949, Radierung, 83,6 x 46 cm
_maypicture, 1949, etching, 83,6 x 46 cm

Greta Freist, Das Unendliche, 1949, Öl/Leinwand, 100 x 81 cm
_the infinite, 1949, oil/canvas, 100 x 81 cm

Lieselott Beschorner begann 1945 an der Akademie der bildenden Künste zu studieren und wurde 1951 eine der ersten weiblichen Mitglieder der Secession

_started studying at the Academy of Fine Arts in 1945 and became one of the first female members of the Secession in 1951

Lieselott Beschorner, Selbstbildnis, 1949, Öl/Hartfaserplatte, 77,5 x 62,8 cm
_self portrait, 1949,
oil/panel, 77,5 x 62,8 cm

Josef Floch, „Jenny und Guitou", um 1939/1940, Öl/Leinwand/Pressspanplatte, 38 x 53 cm
_"Jenny and Guitou", ca. 1939/1940, oil/canvas/panel, 38 x 53 cm

Wimmer, Volksgenossen, Holzschnitt, um 1946
_"Volksgenosse", woodcut, ca. 1946

Edel, „Capo", Kreide/Papier, um 1946
_"Capo", crayon/paper, ca. 1946

„Die Bilder zeigen die Verschleppung slowakischer Bürger jüdischen Glaubens aus Bratislava. Es bedrückte uns, erkennen zu müssen, dass nur sehr wenige Menschen bereit waren, den Verfolgten zu helfen. Die meisten sahen zu, wie unmenschliche Übergriffe an ihnen verübt wurden. Die Abholung erfolgte meistens in den späten Abendstunden.“

Adolf Frankl

„The pictures show the abduction of Slovakian citizens of Jewish faith from Bratislava. It made us sad to realize, that only very few wanted to help the persecuted people. Most of them were watching as cruel abuses were committed. They were mostly collected in the late evening.“

Adolf Frankl

Adolf Frankl, Verhaftung einer jüdischen Familie, gewidmet der Familie Eckstein, Aquarell/Papier, 42 x 30 cm, 1944
_Imprisonment of a Jewish family, dedicated to the Eckstein family, watercolour/paper, 42 x 30 cm, 1944

Viktor Matejka,
1945–1949 kommunistischer Stadtrat für Kultur und Volksbildung

_1945–1949 communist councilor for culture and national education

Gerda Matejka-Felden, Porträt Viktor Matejka, 1947
_portrait Viktor Matejka, 1947

Plakat zur Ausstellung „Niemals vergessen!“ 1946 im Wiener Künstlerhaus

_poster for the exhibition "Never forgotten!" 1946 in the Vienna Künstlerhaus

Victor Theodor Slama, Plakat „Niemals vergessen!“, 1946, 95 x 69,5 cm
_poster "Never forgotten!", 1946, 95 x 69.5 cm

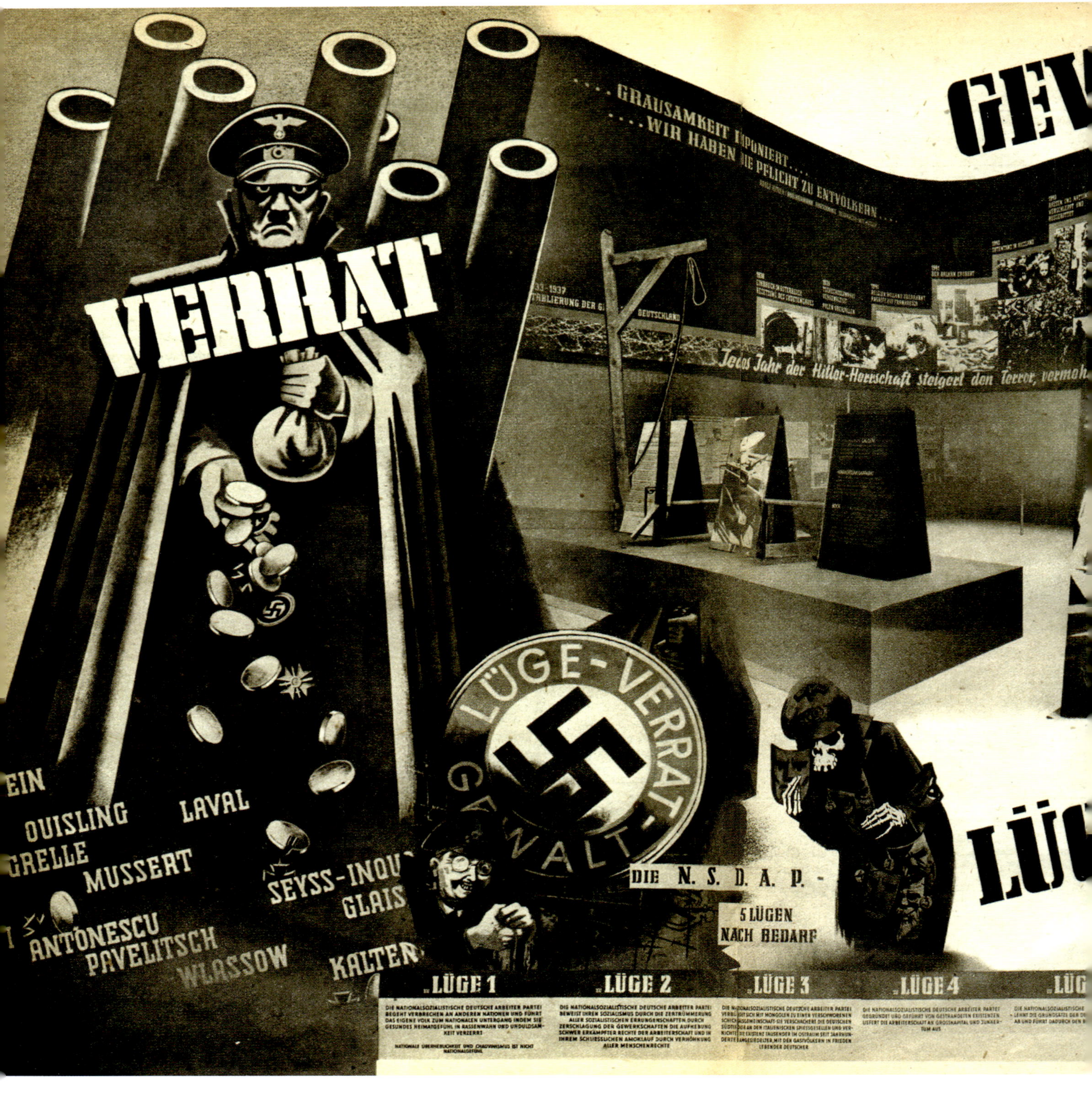
VERRAT
LÜGE-VERRAT
GEWALT
DIE N. S. D. A. P. -
5 LÜGEN
NACH BEDARF
„LÜGE 1
„LÜGE 2
„LÜGE 3
„LÜGE 4
EIN
QUISLING
LAVAL
GRELLE
MUSSERT
ANTONESCU
PAVELITSCH
WLASSOW
GLAIS

Aus der Ausstellung „Niemals Vergessen!“, 1946
_from the exhibition „Never forgotten!“, 1946

May, Der Gehenkte, Kohle/Papier, ca. 1946
_hanged man, coal/paper, ca. 1946

Künstlerbiographien / artists' biographies

ANGERHOFER, Robert (Hinterstoder 1895–1987 Linz)
Ausbildung zum akademischen Maler an der Akademie, München. Zurück in Österreich, wurde er Mitglied des Künstlerbunds MAERZ. Die heimatliche Landschaft, Menschen beim Sport oder bei der Arbeit waren Motive, die bei den nationalsozialistischen Machthabern Anerkennung fanden, 1938 erhielt er zusammen mit J. N. David den Kulturpreis des „Gaus" Oberdonau..

_studied at the Academy, Munich and became an academic painter. After returning to Austria, he became a member of the artists' association MAERZ. The regional landscape, people doing sports or working were motives that were appreciated by the National Socialist regime; in 1938 he received the culture-reward of the Upper-Danube "Gau" together with J. N. David.

APPEL, Carl (Wien 1911–1997 Wien)
Studierte von 1928 –1933 an der Wiener Kunstgewerbeschule bei O. Strnad und C. Witzmann, danach Studium an der Akademie der bildenden Künste (unter C. Holzmeister); danach arbeitete Appel für E. Boltenstern, C. Witzmann, O. Strnad, O. Niedermoser und als freier Architekt. Er war unter den unterschiedlichsten politischen Gegebenheiten erfolgreich tätig; Während der Zeit des Ständestaates, des NS-Regimes als auch in der Zeit des Wiederaufbaus von Wien, wo er Hauptpreisträger der Ausschreibung zur Neugestaltung des Stephansplatzes war. Von 1939–1944 baute er kriegswichtige Industrieanlagen; sein Hauptwerk ist das Warenhaus Neumann (heute „Steffl") in Wien I, Kärntner Straße.

_studied at the Vienna School of Applied Arts under C. Strnad and C. Witzmann from 1928–1933; then studied at the Academy of Fine Arts Vienna under C. Holzmeister; Appel worked for E. Boltenstern, C. Witzmann, O. Strnad, O. Niedermoser and as a self-employed architect. He successfully worked under various political circumstances: during the time of Austrofascism, the NS-regime as well as in the time of the reconstruction of Vienna, when he was winner of the main prize for the reconstruction of the Stephansplatz. From 1939–1944 he built industrial plants that were important for waging the war; his main work is the warehouse Neumann (today "Steffl") in Vienna I, Kärntner Straße.

AUBÖCK jun., Carl (Wien 1900–1957)
1914–1917 Lehre als Bronzearbeiter und Ziseleur im elterlichen Betrieb, 1917–1919 Studium der Malerei an der Akademie der Bildenden Künste in Wien, 1919–1921 war Auböck Schüler von Johannes Itten am Bauhaus in Weimar; 1926 übernahm er den elterlichen Betrieb, wobei sich der Einfluss des Bauhauses im Produktdesign bemerkbar macht; besonders bekannt wurde Auböcks „Baumtisch", auf der Mailänder Triennale 1954 erhielt er vier Goldmedaillen.

_1914–1917 apprenticeship as bronzeworker and chaser in the family firm; 1917–1919 studied painting at the Academy of Fine Arts Vienna; 1919–1921 Auböck was a student of Johannes Itten at the Bauhaus in Weimar; in 1926 he took over the family business, with the influence of the Bauhaus visible in product design; particularly famous was Auböck's "Treetable"; at the Milan Triennale he was awarded four gold medals.

AUGENFELD, Felix (Wien 1893–1984 New York)
Besuchte von 1912–1914 die Bauschule von A. Loos, von 1922–1938 Ateliergemeinschaft mit K. Hofmann, 1931 Assistent von O. Strnad als Bühnenbildner, 1939 Emigration in die USA, 1941 Eröffnung eines Architekturbüros in NY; Augenfeld/Hofmann etablierten sich zunächst durch Innenausstattungen und Umbauten, unter den Auftraggebern war u.a. Familie Freud; unter dem Einfluss O. Strnads schuf Augenfeld Räume mit vielfältigen Benutzungsmöglichkeiten und multifunktionalen Möbelstücken.

_attended A. Loos' school from 1912–1914, collaboration with K. Hofmann 1922–1938, assistant to O. Strnad as stage designer, had to emigrate to the USA in 1939, opened an architectural office in 1941 in NY; Augenfeld/Hofmann established themselves through interior designs and modifications, the family of S. Freud was amongst their clients; influenced by O. Strnad, Augenfeld created rooms with diverse possibilities of use and multi-functional furniture.

BERGMANN, Julius (Laibach 1896–1969 Perchtoldsdorf)
Österreichischer Architekt; plante 1949–1950 mit R. Böck und A. Hoch die „Internationale Kulturstätte Hörndlwald" in Wien XIII.

_Austrian architect; planned the "International cultural institute Hörndlwald" in Vienna XIII in 1949–1950 with R. Böck and A. Hoch.

BOLTENSTERN, Erich (Wien 1896–1991 Wien)
1928 –1934 Assistent von O. Strnad an der Kunstgewerbeschule und von 1934–1938 Assistent von C. Holzmeister an der Akademie der bildenden Künste in Wien; zwischen 1938–1945 hatte Boltenstern wegen jüdischer Verwandtschaft berufliche Nachteile und war nach dem Krieg einer der meistbeschäftigsten Planer des Wiederaufbaus von Wien; 1952 erhielt er eine Professur an der Technischen Universität Wien

_1928–1934 assistant to O. Strnad at the School of Applied Arts and from 1934–1938 assistant to C. Holzmeister at the Academy of Fine Arts Vienna; between 1938–1945 Boltenstern's professional activity was curtailed due to having Jewish relatives; after the war he was one of the most active planners in the rebuilding of Vienna; in 1952 he received a Professorship at the Technical University Vienna.

BÖCK, Rudolf (Wien 1907–1964 Wien)
Österreichischer Architekt und Stadtplaner; plante 1949–1950 mit J. Bergmann und A. Hoch die „Internationale Kulturstätte Hörndlwald" in Wien XIII. Er war ein Förderer der Siedlungsbewegung, setzte sich für die Altstadtsanierung ein und entwickelte Konzepte für die städtebauliche Entwicklung Wiens.

_Austrian architect and town planner; planned the "International cultural institute Hörndlwald" in Vienna XIII in 1949–1950 with J. Bergmann and A. Hoch. He was a

promoter of the colony movement, advocated for the reconstruction of the historic city centre and developed concepts for the urban development of Vienna.

BRUSENBAUCH, Artur (Preßburg 1881–1957 Abtsdorf/Attersee)
Theatermaler in Siebenbürgen, Besuch der Wiener Staatsgewerbeschule; 1910-1915 und 1918-1920 Studium an der Akademie der bildenden Künste, Wien; 1920-1939 Mitglied der Wiener Secession, seit 1939 Mitglied des Künstlerhauses. Brusenbauch schuf zahlreiche Fresken und Glasfenster an öffentlichen Gebäuden und Kirchen in Wien und Niederösterreich.

_theatrical scene painter in Siebenbürgen, studied at the Vienna State Vocational School; 1910–1915 and 1918–1920 studied at the Academy of Fine Arts, Vienna; 1920–1939 member of the Vienna Secession, since 1939 member of the Artists' House. Brusenbauch created numerous frescoes and glass windows on public buildings and churches in Vienna and Lower Austria.

DACHAUER, Wilhelm (Ried im Innkreis 1881–1951 Wien)
Studium an der Akademie der bildenden Künste in Wien von 1899–1907, von 1927 bis 1945 arbeitete er dort als Professor. Dachauer war Maler und Entwerfer mehrerer Briefmarken-Serien.

_studied at the Academy of Fine Arts Vienna from 1899–1907, from 1927–1945 he was a professor there. Dachauer was a painter and designer of several stamp-editions.

DICKER, Friedl (Wien 1898–1944 Auschwitz/Polen)
1912–1914 besuchte sie die Graphische Lehr- und Versuchsanstalt Wien, 1915–1916 die Kunstgewerbeschule Wien, Textilklasse; 1916–1919 Studium bei Johannes Itten an dessen Privatschule in Wien, 1919–1923 besuchte sie die Bauhaus-Schule Weimar (bei Johannes Itten); Kontakt mit Künstlern wie W. Gropius, O. Schlemmer und P. Klee; 1926 gründete sie mit F. Singer das renommierte Atelier „Singer-Dicker" das bis 1931 bestehen sollte; später ging sie nach Prag und arbeitete von 1938–1942 in der Textilfabrik B. Spiegler Söhne. 1942 wurde sie mit ihrem Mann nach Theresienstadt deportiert, wo sie Zeichenkurse für Kinder organisierte. 1944 wurden sie nach Auschwitz gebracht, wo Dicker im KZ Auschwitz ermordet wurde. In Österreich sind kaum Arbeiten des Ateliers Singer-Dicker erhalten, jedoch finden sich einige Möbel und Inneneinrichtungen in den USA. Die architektonischen Entwürfe von Singer-Dicker indessen sind geprägt von ihrer Ausbildung am Bauhaus in Weimar.

_1912–1914 studied at the Graphical Teaching and Research Institute Vienna; 1915–1916 School of Applied Arts Vienna, textile class; 1916–1919 studied with Johannes Itten at his private school in Vienna; 1919–1923 studied at the Bauhaus in Weimar (under Johannes Itten); contacts with artists such as W. Gropius, O. Schlemmer and P. Klee; 1926 founded with F. Singer the prestigious studio "Singer-Dicker" which existed until 1931; later went to Prague and worked from 1938–1942 in the textile factory B. Spiegler Sons. 1942 deported with her husband to Theresienstadt, where she organised drawing classes for children. 1944, brought to Auschwitz, where she was murdered in the concentration camp. In Austria scarcely any works of the Studio Singer-Dicker are preserved, but some pieces of furniture and interior design can be found in the USA. The architectonic designs of Singer-Dicker are characterised by her training at the Bauhaus in Weimar.

DUSTMANN, Hanns (Herford-Diebrock 1902–1979 Düsseldorf)
Studium an der Technischen Hochschule München und Hannover 1922–1928; er arbeitete in Folge für Walter Gropius und war Angestellter im Reichsbankbaubüro bei Heinrich Wolff. 1939 wurde er zum „Reichsarchitekten der Hitlerjugend" ernannt und beschäftigte sich mit den nationalsozialistischen Städtebauplänen für den Umbau Berlins und „Groß-Wiens".

_studied at the Technical University in Munich and Hannover from 1922–1928; he worked for Walter Gropius and was employed at the "Reichsbank" site office under Heinrich Wolff. In 1939 he was named "Reichs-architect of the Hitler Youth" and was engaged in National Socialist urban planning for the modification of Berlin and "Groß-Wien".

EISENMENGER, Rudolf Hermann (Piskitelep, Siebenbürgen 1902–1994 Wien)
Ab 1921 Studium an der Akademie der bildenden Künste, Wien, Mitglied der Wiener Akademischen Burschenschaft „Silesia". Sein malerischer Stil ist traditionell klassisch, mit romantischen Anklängen. 1937 war er Juror und Aussteller im Haus der Deutschen Kunst in München. Adolf Hitler war ein großer Bewunderer von Eisenmengers Kunst und kaufte viele seiner Werke. Nach dem Krieg arbeitete er weiter in Wien, wo er zahlreiche Auszeichnungen und Preise erhielt. In der Wiener Staatsoper entwarf er die Vorlagen für die Tapisserie im Gustav-Mahler-Saal und für den „Eisernen Vorhang" mit dem Hauptthema Orpheus und Eurydike.

_studied at the Academy of Fine Arts Vienna from 1921 and became a member of the Austrian Academic fraternity "Silesia". His painterly style is traditionally classical with romantic appeals. In 1937 he was a juror and exhibitor in the "House of German Art" in Munich. Adolf Hitler was a great admirer of Eisenmenger's art and bought a lot of his works. After the war he worked in Vienna, where he received several awards and prizes. He designed the patterns for the tapestries in the Gustav-Mahler hall of the Vienna State Opera, furthermore he designed the "Iron curtain" with the main theme of Orpheus and Eurydice.

EISLER, Rudolf (Wien 1881–1977 Wien)
Nach seinem Studium an der Akademie der bildenden Künste trat Eisler in das Hochbauatelier des Ministeriums für Inneres ein. In den Jahren vor dem ersten Weltkrieg beteiligte er sich an mehreren Wettbewerben, seine Entwürfe sind in dieser Zeit eher dem Heimatstil zuzuordnen, später wird sein Stil sachlicher. Von 1941–1944 war Eisler bei der Gemeinde Wien im Bereich der Stadtplanung und des Wiederaufbaus tätig.

_after studying at the Academy of Fine Arts he worked in the engineering studio of the Ministry for Internal Affairs. In the years before World War I he participated in several job-competitions; the designs of this time are related to the "Heimatstil" whereas later on his style becomes more rational. From

1941–1944 he worked for the municipality of Vienna in the department of urban planning and rebuilding.

FELLERER, Max (Linz 1989–1957 Wien)
Studierte an der Technischen Hochschule bei C. König und an der Akademie der bildenden Künste bei O. Wagner und war gleichzeitig im Atelier J. Hoffmanns tätig. Nach dem ersten Weltkrieg wurde er Atelierchef bei Hoffmann. 1927 wurde er Assistent von C. Holzmeister an der Akademie der bildenden Künste, 1932 errichtete er ein Doppelwohnhaus für die Wiener Werkbundsiedlung. 1932–1934 war er Professor an der Akademie der bildenden Künste, 1934 wurde er Direktor der Wiener Kunstgewerbeschule. 1938 wurde Fellerer zwangspensioniert, arbeitete aber weiter als freischaffender Architekt, Bühnenbildner und Filmarchitekt. Fellerer arbeitete viele Jahre in einer Bürogemeinschaft mit E. Wörle, es entstanden zahlreiche Wohnbauten, Geschäftslokale, Hotels und diverse öffentliche Gebäude.

_studied at the Technical University under C. König and at the Academy of Fine Arts under O. Wagner; worked in J. Hoffmann's studio at the same time. After World War I, he became chief of Hoffmann's studio. In 1927 Fellerer became assistant of C. Holzmeister at the Academy of Fine Arts, in 1932 he designed a semi-detached house for the Worker's Federation housing estate. From 1932–1934 he was professor at the Academy of Fine Arts, in 1934 he became director of the Vienna School of Applied Arts. In 1938 Fellerer was forced to retire, but continued to work as a self-employed architect, stage designer and film architect. He worked for several years in a studio collaboration with E. Wörle; they designed various residential buildings, stores, hotels and public buildings.

FRANK, Josef (Baden b. Wien 1885 –1967 Stockholm)
Studierte an der Technischen Hochschule, Wien; 1919–1925 als Lehrer an der Wiener Kunstgewerbeschule tätig. Er entwickelte eine undogmatische moderne Architektur, verzichtete auf Fassadendekoration zugunsten einer Funktionalität, die den tatsächlichen Bedürfnissen der Bewohner genügen sollte. Mitbegründer des österreichischen Werkbundes; in den zwanziger Jahren im sozialen Wohnbau engagiert; er gründete Mitte der zwanziger Jahre die Firma „Haus & Garten" mit O. Wlach und war Initiator und künstlerischer Leiter der Werkbundsiedlung, Wien XIII, beteiligt. Frank emigrierte 1934 nach Schweden wo er für Svenskt Tenn Möbel und Stoffe entwarf ; 1941-1946 unterrichtete er Architektur an der New School for Social Research in New York, 1947 kehrte er nach Schweden zurück und arbeitete weiter für Svenskt Tenn.

_studied at the Vienna University of Technology; taught at the School of Applied Arts Vienna from 1919–1925; developed an undogmatic modern architecture, abandoning facade decoration in favour of functionality, which should fit the owner's actual needs. Co-founder of the Austrian Work Federation (Werkbund), engaged in social housing in the 20s; in the mid-twenties he founded the company "House & Garden" with O. Wlach and initiated and artistically guided the building of the Workers' Federation housing estate; Frank emigrated to Sweden in 1934 and taught architecture at the New School for Social Research in New York from 1941–1946. He returned to Sweden in 1947 and continued designing for Svenskt Tenn.

FRANKL, Adolf (Bratislava 1903–1983 Wien)
Kunst- und Malereistudium in Bratislava, tätig als Karikaturist und Zeichner von Werbeplakaten; ab 1921 ist Frankl im Raumausstattungsgeschäft seines Vaters tätig und gründet später seine eigene Firma. Unter dem slowakischen faschistischen Regime wird er enteignet. 1944 werden er und seine Familie verhaftet. Frankl wird zuerst in das Konzentrationslager Sered' deportiert, danach in das Vernichtungslager Auschwitz-Birkenau. Er überlebt und beginnt nach seiner Befreiung 1945 mit dem Zyklus „Visionen aus dem Inferno–Kunst gegen das Vergessen". 1949 emigriert die Familie nach Wien.

_studied art and painting in Bratislava, worked as a caricaturist and designer of advertisements; Frankl worked in his father's interior design store from 1921 and later founded his own company. He was disposessed under the Slovakian fascist regime. In 1944 he and his family were arrested. Frankl was deported to the concentration camp Sered', then to the extermination camp Auschwitz-Birkenau. He survived and started his cycle "Visions from the inferno–art against oblivion" after his liberation in 1945. In 1949 the family emigrated to Vienna.

FREIST, Greta (Weikersdorf/Niederösterreich 1904–1993 Paris)
1924–1930 Studium an der Akademie der bildenden Künste, Wien; neben der Malerei betätigt sie sich auch als Keramikerin und Restauratorin; geht 1937 nach Paris und stellt im Salon des Independants und im Salon des Realités Nouvelles aus; Mitglied der Gruppe „Der Kreis".

_1924–1930 studied at the Academy of Fine Arts, Vienna; in addition to painting, Freist was also active as a ceramicist and restorer; in 1937, he went to Paris and exhibited in the Salon des Independants and in the Salon des Realités Nouvelles; member of the group "Der Kreis".

FUCHS, Ernst (Wien 1930)
1946–1950 Studium an der Akademie der bildenden Künste, Wien, 1950 Übersiedlung nach Paris, es folgten einige Reisen, unter anderem hielt er sich 1957 länger im Dormitio-Kloster in Israel auf, um die Ikonenmalerei zu studieren. 1962 kehrte er nach Wien zurück. Ernst Fuchs zählt mit W. Hutter, A. Brauer, R. Hausner und A. Lehmden zu den Gründern der Wiener Schule des Phantastischen Realismus. Seine anfänglich surrealistischen, später manieristischen Werke weisen häufig eine religiöse oder mythologische Symbolik auf.

_studied at the Academy of Fine Arts, Vienna, moved to Paris in 1950 and went on several journeys. In 1957 he stayed in the Dormitio cloister in Israel for some time to study the icon paintings. In 1962 he returned to Vienna. Amongst other colleagues, such as W. Hutter, A. Brauer, R. Hausner and A. Lehmden, Ernst Fuchs is one of the founders of the Vienna School of Fantastic Realism. In his early works, he painted in a Surrealist way, yet later his works became Mannerist. His paintings often reveal a religious or mythological symbolism.

FUCHS, Robert (Wien 1896–1981)
Nach dem ersten Weltkrieg Studium an der Akademie der bildenden Künste, Wien, ab 1923 freischaffender Maler.

_After the First World War, studied at the Academy of Fine Arts, Vienna; after 1923, active as a freelance painter.

GOBANZ-CZOERNIG, Herta (Klagenfurt 1886–1970 Wien)
Studium an der „Kunstschule für Frauen und Mädchen" in Wien, Fortsetzung des Studiums an der Weimarer Malerschule. Gobanz-Czoernig war Malerin und Grafikerin und widmete sich haupsächlich Landschaften und Veduten.

_studied at the "Art School for Women and Girls" in Vienna and continued her studies at the Weimar School of Painting. Gobanz-Czoernig was a painter and graphic artist whose work is dedicated mostly to landscapes and vedute.

GOEBEL, Gottfried (Wien 1906–1975 Paris)
1924–1928 Studium an der Akademie der bildenden Künste; Teilnahme an Ausstellungen des Hagenbunds und der Künstlervereinigung „Der Keis", Lebensgefährte von Greta Freist. 1936 Übersieldung nach Paris, wo er und Freist interniert und 1944 von den deutschen Besetzern verhaftet wurden. Goebels Stil ist der phantastischen und surrealistischen Malerei zuzuordnen, nach dem Krieg wandte er sich der neoexpressionistischen und abstrakten Malerei zu.

_studied at the Academy of Fine Arts from 1924–1928; participated in exhibitions of the Hagenbund and the Artists' Association "The Circle", partner of Greta Freist. In 1936 they moved to Paris, where they were detained and arrested by the German occupying force in 1944. Goebel's style at first conformed to Fantastic and Surrealist painting; after the war he turned towards a neo-expressionistic, abstract way of painting.

HAERDTL, Oswald (Wien 1899–1959 Wien)
1921 Diplom an der Kunstgewerbeschule Wien, 1922 Assistent im Atelier J. Hoffmanns, 1928 Atelierchef bei Hoffmann, 1932-1938 Kompagnon v. J. Hoffmann, ab 1935 Professor an der Kunstgewerbeschule Wien, 1939 Gründung des eigenen Ateliers; eines seiner Hauptwerke ist sein Haus für die Wiener Werkbundsiedlung, ebenso das Wien Museum am Karlsplatz und seine Umbauten von Cafés und Restaurants (Café Prückel, Volksgarten Pavillon); bekannt wurde Haerdtl auch durch zahlreiche Ausstellungsbauten; nach dem Krieg Engagement zum Wiederaufbau und zur Stadtplanung.

_obtained his diploma at the School of Applied Arts Vienna in 1921; worked as J. Hoffmann's assistant from 1922 and became head of the studio in 1928; he was Hoffmann's copartner from 1932-1938; from 1935 Haerdtl held the post of professor at the School of Applied Arts Vienna and founded his own office in 1939; the house for the Vienna Werkbundsiedlung is amongst his main works, as well as the Wien Museum on Karlsplatz and the modifications of cafés and restaurants (Café Prückel, Volksgarten pavillion); Haerdtl also became famous for several exhibition buildings; after the war he was engaged in reconstruction and urban planning.

HAGENAUER, Franz (Wien 1906–1986 Wien)
Studierte ab 1921 an der Wiener Kunstgewerbeschule bei A. Hanak; seine abstrahierenden, dekorativen Messingarbeiten setzten die berühmte Tradition der „Wiener Bronzen" in modernen Formen fort.

_studied at the School of Applied Arts Vienna under A. Hanak from 1921; his abstract, decorative bronze works continued the famous tradition of the "Vienna Bronzes" in modern forms.

HAUSER, Carry (Wien 1895–1985 Rekawinkel/NÖ)
Arbeitete als Maler und Schriftsteller; erhielt Unterricht an der Kunstgewerbeschule, Wien; nach 1919 als freischaffender Künstler tätig; 1938 erhielt er Arbeitsverbot und emigrierte 1939 in die Schweiz; nach seiner Rückkehr 1947 engagierte er sich öffentlich gegen den Antisemitismus und beteiligte sich an der Reorganisation der Vereinigung bildender Künstler Österreichs. Sein Werk ist von religiösen und mystischen Vorstellungen von einem abstrahierenden Realismus geprägt.

_worked as a painter and writer and studied at the School of Applied Arts Vienna; after 1919 he worked as a self-employed artist; in 1938 he was forbidden to work and emigrated to Switzerland; after his return in 1947 he was publicly engaged against anti-Semitism and worked on the reorganisation of the Association of Austrian Artists. His work is characterised by religious and mystical ideas and an abstract realism.

HAUSNER, Rudolf (Wien 1914–1995 Mödling)
Studium an der Akademie der bildenen Künste Wien bei C. Fahringer und K. Sterrer. 1938 wurden seine Werke durch ein Ausstellungsverbot der Reichskulturkammer belegt. 1941 von der Deutschen Wehrmacht zum Kriegsdienst eingezogen, wurde er 1943 wegen Untauglichkeit wieder entlassen. Anfangs vom Impressionismus und Expressionismus beeinflusst, gründete er 1946 gemeinsam mit E. Jené, E. Fuchs, W. Hutter und F. Janschka eine surrealistische Gruppe im österreichischen Art-Club. 1959 gründeten er und einige seiner Maler-Kollegen die Wiener Schule des Phantastischen Realismus.

_studied at the Academy of Fine Arts Vienna under C. Fahringer and K. Sterrer. In 1938 the Reichskulturkammer ("Reichs cultural chamber") prohibited the exhibition of his works. In 1941 he was drafted to military service for the German Wehrmacht but was released in 1943. In his beginnings he was influenced by Impressionism and Expressionism and co-founded the Surrealist group in the Vienna Art-Club with E. Jené, E. Fuchs, W. Hutter and F. Janschka. In 1959 he co-founded the Vienna School of Fantastic Realism.

HESSING, Gustav (Czernowitz 1909–1981 Wien)
1926-1931 Studium an der Akademie der bildenden Künste, Wien bei Andri und Fahringer; 1938-1945 erhielt Hessing Berufsverbot; 1946 Mitbegründer und Präsident der Künstlergruppe „Der Kreis"; 1967-1979 war er Leiter einer Meisterschule an der Akademie für bildende Künste in Wien.

_1926–1931 studied at the Academy of Fine Arts, Vienna, under Andri and Fahringer; 1938–1945 Hessing was forbidden to work; 1946 co-founder and president of the artists' group "The Circle"; 1967–1979 director of a master class at the Academy of Fine Arts Vienna.

HETMANEK, Alfons (Wien 1890–1962 Wien)
1912-1915 Studium an der Akademie der bildenden Künste bei O. Wagner, Besuch der Bauschule A. Loos, von 1923–1935 gemeinsames Atelier mit F. Kaym; planten v.a. Siedlungsbauten der Zwischenkriegszeit mit Bezug auf die englische Gartenstadtbewegung, A. Rössler bezeichnete Hetmanek und Kaym 1931 als die „goldene Mitte" zwischen Tradition und Moderne; nach dem Krieg schuf Hetmanek

aber auch einige Wohnhausanlagen; zu den Hauptwerken zählt die Siedlung am Flötzersteig (1921-1931) und der Umbau des linken Flügels des Künstlerhauses, dessen Hausarchitekt er war, in ein Kino (1948).

_studied at the Academy of Fine Arts Vienna from 1912-1915 under O. Wagner, attended Loos' school, collaboration and studio with F. Kaym from 1923-1935; they mainly planned colonies between the wars related to the English garden-city movement; in 1931 A. Rössler called them the "golden mean" between tradition and modernity; after the war Hetmanek also created some residential building blocks; one of his main works is the colony Flötzersteig (1921-1931) and the modification of the left wing of the Künstlerhaus into a cinema (1948).

HIRSCHENAUER, Max (Schärding 1885–1955 Schärding)

_Studium an der Akademie, München bei H. v. Habermann, lebte nach dem Ersten Weltkrieg als freischaffender Künstler in München. Später übersiedelt er nach Linz, wo er sich der Künstlervereinigung MAERZ anschließt. Hirschenauer war mit D. Koko und A. Walde befreundet und widmete sich hauptsächlich einer traditionalistischen Porträt- und Landschaftsmalerei.

_studied at the Academy, Munich under H. v. Habermann and lived in Munich as a self-employed artist after World War I. Later he moved to Linz, where he became a member of the artists' group MAERZ. He was friends with D. Koko and A. Walde and painted portraits and landscapes in a traditionalist style.

HOCH, Adolf (Winterberg, Böhmen 1910–1992 Wien)

Studium an der Akademie der bildenden Künste (P. Behrens); er wurde schon 1933 Mitglied der NSDAP und war ab 1938 als freischaffender Architekt tätig. Nach dem Krieg arbeitete er für die Wiener Stadtverwaltung, für die er etwa die internationale Kulturstätte in Wien XIII, Josef Afritsch Heim, mit plante; Hoch ist der Planer mehrerer Passagen entlang des Rings, so etwa auch die Opernpassage, Wien I.

_studied at the Academy of Fine Arts Vienna (P. Behrens); he became a member of the NSDAP already in 1933 and worked as a self-employed architect from 1938. After the war he worked for the Viennese city council, for which he, amongst others, planned the international culture center in Vienna XIII, Josef Afritsch Heim; Hoch also designed several passages, such as the opera-passage, Vienna I.

HOFFMANN, Josef (Pirnitz/Mähren 1870–1956 Wien)

Studierte an der Akademie, Wien bei C.v. Hasenauer und O.Wagner; Gründungsmitglied der Wiener Secession, gründete mit K. Moser u. dem Bankier F. Wärndorfer die „Wiener Werkstätte"; ab 1899 Lehrer an der Wiener Kunstgewerbeschule; maßgeblich an der kubisch strengen Formenwelt des österreichischen Jugendstils beteiligt; im Sinn des Gesamtkunstwerkes auch als Entwerfer von Kunstgewerbe verantwortlich. Zur Zeit des NS-Regimes sollte Hoffmann ein neues Kunstgewerbe im Sinne der Machthaber initiieren. Nach dem Krieg widmete er sich hauptsächlich ehrenamtlichen Tätigkeiten, galt aber wiederum als Vaterfigur der unmittelbaren Nachkriegszeit.

_studied at the Academy of Fine Arts Vienna under C. v. Hasenauer and O. Wagner; co-founder of the Viennese Secession, founded the Wiener Werkstätte together with K. Moser and the banker F. Wärndorfer; taught at the School of Applied Arts Vienna from 1899; important for the development of the cubic and strict formal language of the Austrian Jugendstil; also engaged in designing arts and crafts in terms of a "Gesamtkunstwerk" (synthesis of the arts). During the time of the NS-regime he had to initiate a new style of applied arts following the regime's visions. After the war he was mostly concerned with honorary tasks, but was considered once again as a father figure of the time shortly after World War II.

HOLZMEISTER, Clemens (Tirol 1886–1983 Hallein)

ab 1906 Studium an der Technischen Hochschule, Wien, 1914-1919 Assistent bei M. Ferstel an der Technischen Hochschule, 1919 Promotion und bis 1924 Arbeit als Architekt in Bozen (Zusammenarbeit mit L. Trenker), 1924–1938 Leitung der Meisterschule für Architektur an der Akademie der bildenden Künste, Wien; der Durchbruch gelang Holzmeister mit dem Bau des Krematoriums am Zentralfriedhof, war v.a. zur Zeit des Ständestaats als Kirchenbauer sehr erfolgreich, 1938 von den Nazis zwangspensioniert, ging Holzmeister nach Istanbul, errichtete rund ein Dutzend Staatsbauten, Sakralbauten und Denkmäler in der Türkei; 1954 Rückkehr nach Wien, Professor an der Akademie der bildenden Künste; Holzmeister zählt zu den bedeutendsten und international bekanntesten österreichischen Architekten.

_studied at the Technical University Vienna from 1906, assistant of M. Ferstel at the Technical University from 1914-1919, received his doctorate in 1919 and worked in Bozen until 1924 (collaboration with L. Trenker); led the master class in architecture at the Academy of Fine Arts Vienna from 1924-1938; he became famous for the crematorium at the central cemetery and was very successful designing churches during the period of the authoritarian state (Ständestaat); Holzmeister was forced by the Nazis to retire in 1938 and went to Istanbul; he erected around a dozen state buildings, religious buildings and memorials in Turkey; in 1954 he returned to Vienna and became professor at the Academy of Fine Arts; Holzmeister is one of the most important and internationally known Austrian architects.

HUBER, Ernst (Wien 1895–1960 Wien)

Lehre als Schriftsetzer und Lithograph, Besuch des Zeichensaales bei Prutscher an der Wiener Kunstgewerbeschule; als Maler Autodidakt, Mitglied des „Bundes Österreichischer Künstler"; von 1928-1960 Mitglied der Wiener Sezession; erhielt 1935 und 1937 den Österreichischen Staatspreis und 1948 den Professorentitel.

_studied as a typesetter and lithographer; attended the drawing class of Prutscher at the Vienna School of Applied Arts; self-taught in painting; member of the "Association of Austrian Artists"; from 1928-1960 member of the Vienna Secession; received the Austrian State Prize in 1935 and 1937, and a professorship in 1948.

JAKSCH, Hans (Hennersdorf/Böhmen 1897–1970 Wien)

Studium an der Technischen Hochschule und an der Akademie, Wien; 1907 Gründung des Architekturbüros „Theiss & Jaksch" mit Siegfried Theiss (bis 1961).

_studied at the Technical University and at the Academy, Vienna; 1907 founded the architectural office "Theiss & Jaksch" with Siegfried Theiss (until 1961).

KAMMEL, Leo (1885 Steinschönau–1948 Wien)
Abschluss der Kunstgewerbeschule in Prag 1905 und Besuch der Akademie der bildenden Künste, Prag, unter J. Kotera, einem bedeutenden Schüler O. Wagners. Um 1913 ging Kammel nach Wien, wo er als freier Architekt arbeitete. Er arbeitete unter den verschiedensten politischen Verhältnissen, so auch unter dem Ständestaat, dem NS-Regime und danach in der Zweiten Republik. Ab den dreißiger Jahren folgt er dem Stil des Funktionalismus.

_graduated from the School of Applied Arts in Prague in 1905 and attended the Academy of Fine Arts, Prague, under J. Kotera, an important student of O. Wagner. In 1913 Kammel moved to Vienna, where he worked as a self-employed architect. He worked under various political circumstances, during the authoritarian state, the NS-regime as well as in the Second Republic. After the 1930s he followed the style of functionalism.

KASSECKER, Paul (Villach 1903–1992 Aflenz)
_studierte 1922–1926 an der Kunstgewerbeschule in Graz und wechselte dann auf die Akademie der bildenden Künste in Wien. 1930 erhielt er den Staatspreis. Während des Zweiten Weltkriegs war er von 1939 bis 1945 Kriegsmaler und Pressezeichner. Bekannt wurde Kassecker vor allem als Landschaftsmaler, und fand seine Motive zumeist in der Bergwelt des Hochschwab. Anfangs orientierte er sich an den österreichischen Malern A. Egger-Lienz und A. Walde, experimentierte aber seit den 1950er Jahren auch mit den Möglichkeiten der abstrakten Bildgestaltung.

_studied at the School of Applied Arts in Graz from 1922–1926 and went to the Academy of Fine Arts in Vienna. In 1930 he received the Austrian national prize. During World War II he worked as a war painter and press artist. He is mostly famous for his landscapes and found his motives in the mountains of the Hochschwab. In his early work he was influenced by the Austrian painters A. Egger-Lienz and A. Walde, but he also experimented with abstract painting methods in the 1950s.

KOHL, Robert (Wien 1891–1944 KZ Blechhammer, Schlesien)
war als Maler, Grafiker und Illustrator tätig; Studium an der Wiener Kunstgewerbeschule und an der Prager Kunstakademie; 1938 Emigration nach Paris wo er von Gefolgsleuten der Vichy-Regierung an die Gestapo ausgeliefert wurde.

_active as a painter, graphic artist and illustrator; studied at the Vienna School of Applied Arts and in the Prague Art Academy; in 1938 he emigrated to Paris, where he was betrayed to the Gestapo by collaborators of the Vichy regime.

KOLIG, Anton (Neutitschein/Mähren 1886–1920 Nötsch/Kärnten)
Studierte ab 1904 an der Kunstgewerbeschule, wechselte 1909 an die Akademie der bildenden Künste Wien; während seines Studienaufenthalts in Paris musste er, vom Ersten Weltkrieg überrascht, nach Österreich fliehen und wurde 1917 Kriegsmaler in Kärnten; Kolig lebte in Nötsch, wo er später mit F. Wiegele und S. Isepp den „Nötscher Kreis" bildete. Sein Werk ist von einem freien, malerischen Stil geprägt, der seinem Freund Kokoschka nahe steht.

_studied at the School of Applied Arts Vienna from 1904 and transferred to the Academy of Fine Arts Vienna in 1909; during his study-stay in Paris he had to escape to Austria because of World War I and became a war-painter in Carinthia in 1917; Kolig lived in Nötsch, where he founded the "Nötscher Kreis" ("circle of Nötsch") with F. Wiegele and S. Isepp. His work is characterized by a free painterly style closely related to that of his friend O. Kokoschka.

LICHTBLAU, Ernst (Wien 1883–1963 Wien)
1902–1905 Studium an der Akademie, Wien bei O. Wagner, 1939 Emigration in die USA; zunächst am Wiener dekorativen Jugendstil orientiert, entwickelte er sich zu einem Vertreter der Klassischen Moderne.

_studied at the Academy of Fine Arts Vienna under O. Wagner from 1902–1905; emigrated to the USA in 1939; oriented at first towards decorative Jugendstil, he later developed into a representative of Classic Modernism.

LIPPERT, Georg (Wien 1908–1992 Wien)
ab 1927 Studium an der Technischen Hochschule, Wien, besuchte 1931–1934 die Meisterklasse C. Holzmeisters an der Akademie der bildenden Künste; Ateliergemeinschaft mit K. Klaudy bis 1945; 1939–1945 errichteten sie Industriebauten und Werksiedlungen für das NS-Regime; 1947 errichtete Lippert den Gemeindebau „Hugo Breitner Hof" in Wien XIV und erreichte in den 60er und 70er Jahren seine größte Bekanntheit.

_studied at the Technical University Vienna from 1927; attended the class of C. Holzmeister from 1931–1934 at the Academy of Fine Arts; collaboration with K. Klaudy until 1945; from 1939–1945 he built several industrial buildings and workmen's dwellings for the NS-regime; in 1947 Lippert planned the housing estate "Hugo Breitner Hof" in the 14th district of Vienna and became quite renowned in the 60s and 70s.

NEUTRA, Richard (Wien 1892–1970 Wuppertal)
1910–1918 Studium an der Technischen Hochschule in Wien und ab 1912 Besuch der Bauschule A. Loos'; ging 1920 nach Berlin und dann nach Luckenwalde, wo er E. Mendelsohn kennenlernte; 1923 Übersiedlung nach New York und später nach Los Angeles; er arbeitete u.a. für F. Lloyd-Wright und R. Schindler.

_studied at the Technical University in Vienna from 1910–1918 and from 1912 at A. Loos' "construction school"; in 1920 he moved to Berlin and then to Luckenwalde where he got to know E. Mendelsohn; in 1923 he moved to New York and later to Los Angeles; he worked for F. Lloyd-Wright and R. Schindler.

PAAR, Ernst (Graz 1906–1986 Wien)
Studierte in Stuttgart und Paris und kam 1933 nach Wien, wo er als Grafiker sein Geld verdiente. Als Mitglied der Grazer Secession und des Wiener Hagenbundes wurde er vor allem durch seine kubistischen und neusachlichen Bilder bekannt. Während der NS-Zeit wurde Paar als Gebrauchsgrafiker dienstverpflichtet. Eine Ausstellung seiner Kunst 1942 wurde wegen Tendenzen zur „entarteten Kunst" wieder

geschlossen. 1951 war er Vizepräsident der Künstlergruppe „Der Keis", einem international orientierten Künstlerverein.

_studied in Stuttgart and Paris and came to Vienna in 1933, where he worked as a graphic designer. As a member of the Graz Secession and the Vienna Hagenbund, he became well-known for his cubistic and neo-realistic (in terms of sobriety) paintings. During the time of the NS-Regime Paar was forced to work as a commercial artist. An exhibtion of his paintings in 1942 was closed because of connections to "degenerate art". In 1951 he was vice president of the artists' group "The Circle", an internationally oriented artists' association.

PATZELT, Andreas (Wien 1896–1980 Wien)
1915–1923 Studium an der Akademie der bildenden Künste Wien bei R. Bacher. 1928 wurde Patzelt Mitglied des Künstlerhauses. Er gilt als „Maler der schönen Wienerin", da er hauptsächlich Bildnisse von Mädchen und jungen Frauen schuf.

_studied at the Academy of Fine Arts Vienna under R. Bacher. In 1928 Patzelt became a member of the Künstlerhaus. He is known as the "painter of the pretty Viennese", as he mainly depicted girls and young women in his artworks.

PLISCHKE, Ernst A. (Klosterneuburg 1903–1992 Wien)
1919-1923 Studium an der Kunstgewerbeschule Wien, von 1923–1926 an der Akademie für bildende Künste; zu seinen wichtigsten Bauten zählt das Arbeitsamt in Liesing (1930) und sein Haus für die Werkbundsiedlung (1932) ; hier flossen seine in NY gesammelten Erfahrungen ein; er plädierte für einen „humanen Aspekt" im neuen Bauen, seine Inneneinrichtungen betonen das Handwerkliche; wesentlich ist auch sein Bestreben, Innen- und Außenraum miteinander zu verbinden; asiatische Einflüsse sind in seinem Schaffen immer wieder spürbar (Haus Gamerith)

_studied at the School of Applied Arts Vienna from 1919-1923 and from 1923-1926 at the Academy of Fine Arts; the employment centre Liesing (1930) and his house for the Work Federation colony (1932) are amongst his most important works, in which his experiences from his time in New York can be seen; he spoke out for a "human aspect" in modern building – his interiors focus on handicraft; Plischke tried to connect interior and exterior space and assimilated Asian influences in his work (House Gamerith).

POPP, Alexander (St. Leonhard am Forst/Niederösterreich 1891–1947 Linz)
Besuch der Staatsgewerbeschule, Richtung Baufach, Wien; ab 1920 war er bei der Donaudampfschifffahrts-Gesellschaft tätig; nebenbei Studium an der Akademie der bildenden Künste, Meisterschule bei P. Behrens; übernahm später Behrens' Assistentenstelle; ab 1930 war er Professor an der Akademie, 1935 Beitritt zur NSDAP; er entwarf zahlreiche Architekturprojekte für Wien, die jedoch nicht verwirklicht wurden (Messe- und Ausstellungsgelände am Prater, Kreishaus am Ballhausplatz, Autobahnraststationen etc.); Popp wurde nach Kriegsende all seiner Ämter enthoben.

_attended the "Government Vocational School" (architecture) in Vienna; from 1920 he worked for the Danube steamboat association; in addition he studied at the Academy of Fine Arts under P. Behrens and later became his assistant; from 1930 he was professor at the Academy; in 1935 he joined the Nazi party; Popp designed several projects for Vienna, which however were not realized (the fair and exhibition site in the Prater, "Kreishaus" on the Ballhausplatz, roadhouses, etc.); Popp was removed from office after the war.

RAINER, Roland (Klagenfurt 1910–2004 Wien)
_Architekturstudium an der Technischen Universität Wien sowie an den Universitäten in den Niederlanden und in Deutschland. Rainer war Mitglied der NSDAP und befasste sich besonders mit dem Bau von Einfamilienhäusern. Nach dem Krieg kehrte er nach Österreich zurück und wurde an verschiedenste Universitäten im Ausland berufen. Ab 1955 leitete er die Meisterschule für Architektur an der Akademie der bildenden Künste in Wien. Eines seiner bedeutendsten Werke, die Wiener Stadthalle, entstand 1956–1962.

_studied architecture at the Technical University of Vienna, as well as at univiersities in the Netherlands and Germany. Rainer was a member of the NSDAP; he was very involved in developing detached houses. He returned to Austria after the war and was asked to teach at several universities abroad. He led the master school for architecture at the Academy of Fine Arts Vienna from 1955. One of his most important buildings is the Vienna town hall, which was built from 1956–1962.

SALIGER, Ivo (Königsberg 1894–1987 Wien)
Besuch der Graphischen Lehr- und Versuchsanstalt, 1912–1917 an der Akademie der bildenden Künste, Wien; 1917/1918 Assistent an der Graphischen Lehr- und Versuchsanstalt; 1930 Aufenthalt in Paris, Kontakt zu Ozenfant und Leger; Beteiligung an den Ausstellungen des Künstlerhauses und des Hauses der Deutschen Kunst, München.

_attended the Vienna Federal Training and Research Institute of Graphic Arts and from 1912–1917 the Academy of Fine Arts Vienna; in 1917/1918 he was assistant at the Vienna Federal Training and Research Institute; in 1930 he stayed in Paris and met Ozenfant and Leger; he participated in the exhibitions of the Künstlerhaus (Artists' House) and the Haus der Deutschen Kunst (House of German Art) in Munich.

SCHACHINGER, Hans (1888 Wien–1952 Nassau an der Lahn)
Porträt- und Genremaler; Studium an der Akademie der bildenden Künste; seine Malerei war einem traditionellen Naturalismus verbunden, was ihn in der Zeit des Nationalsozialismus zu einem gefragten Porträtisten machte

_portrait- and genre painter; studied at the Academy of Fine Arts Vienna; his painting was related to a traditional naturalism which made him a famous portrait artist in the period of National Socialism.

SCHUSTER, Franz (1892 Wien–1972 Wien)
1912–1916 Besuch der Kunstgewerbeschule in Wien, 1916–1918 ebd. Assistent Tessenows. 1928–1937 lebte und arbeitete er in Frankfurt/Deutschland. F. Schuster gehört zu den bedeutendsten Persönlichkeiten auf dem Gebiet des sozialen Wohnbaus in Österreich im 20.Jahrhundert. Die Beschäftigung mit dem Siedlungsbau konnte Schuster auch in der NS-Zeit praktisch ungehindert fortsetzen, da die damaligen Machthaber in ihrer grundsätzlich stadtfeindlichen Haltung den Siedlungsgedanken favorisierten. Ebenso wurde das Konzept von Schusters „Aufbaumöbel" (bestehend aus

standardisierten Modulen, die einfach und billig herzustellen waren) nahezu bruchlos bei der Erstellung von „Volksmöbel", wie sie in NS-konformen Ausstellungen präsentiert wurden, übernommen. In den Wiederaufbaujahren nach dem Zweiten Weltkrieg war Schuster aufgrund seiner Funktion als Beirat für den Wiederaufbau der Stadt eine Schlüsselfigur des Wiener Architekturgeschehens und befasste sich vor allem mit der Stadtplanung.

_attended the School of Applied Arts, Vienna from 1912–1916 and became assistant of Tessenow there from 1916–1918. From 1928–1937 he lived and worked in Frankfurt/Germany. F. Schuster ist amongst the most famous personalities in the field of social housing in Austria in the 20th century. Even during the time of the NS-regime, Schuster was able to continue his work, as the Nazis basically had a negative attitude towards cities and preferred the colony-housing movement. Schuster's concept of an "Aufbaumöbel" ("build-up furniture", consisting of standardised modules that were easy and cheap to produce) was adopted by the creation of "Volksmöbel" ("people's furniture"), as presented in Nazi-accordant exhibitions. During the reconstruction period after World War II, Schuster, due to his function as advisor for the rebuilding of the city, was a key figure in Viennese architecture and was involved above all with urban planning.

SCHWADRON, Ernst (Wien 1896–1979 New York)

1918/1919 Besuch der Kunstgewerbeschule in Wien, von 1919–1938 als freiberuflicher Architekt und Designer in Wien tätig, musste er 1938 emigrieren und war 1939–1944 Chefdesigner der Einrichtungsfirma Rena Rosenthal in New York. Schwadron gründete 1944 seine eigene Einrichtungsfirma in New York und zählt zu den Protagonisten der „Wiener Wohnraumkultur" im Umfeld J. Franks und O. Strnads (flexible Raumaufteilung, multifunktionale Möbel, ect.), über seine architektonischen Arbeiten ist relativ wenig bekannt, erwähnenswert ist das Strandhaus Lederer in Greifenstein/Niederösterreich, das im Kontext der Weekend-Bewegung und der Wochenendhäuschen in Kritzendorf zu sehen ist. In New York baute er u.a. sein Haus mit Atelier und entwarf 1945 die Inneneinrichtung der Verkaufsräume der American Crayon Company im Rockefeller Center.

_attended the School of Applied Arts Vienna in 1918/1919; worked as a self-employed architect and designer from 1919–1928 in Vienna. Schwadron had to emigrate in 1938 and became chief-designer of Rena Rosenthal interiors in New York from 1939–1944; in 1944 he founded his own company in New York; Schwadron is amongst the protagonists of "Wiener Wohnraumkultur" ("Vienna living-space culture"), along with J. Frank and O. Strnad (flexible floor plans, multi-functional furniture etc.); his architectural work is mostly unknown, although quite famous is the beach house Lederer in Greifenstein/Lower Austria, which is related to the weekend-movement and other weekend cottages in Kritzendorf. He built his own house with studio in New York and designed the interiors for the sales rooms of the American Crayon Company in the Rockefeller Center in 1945.

SILBERBAUER, Fritz (Leibniz 1883–1974 Graz)

1910–1914 besuchte er die Akademie der bildenden Künste in Wien. 1923 gründete er gemeinsam mit W. Thöny, A. Wickenburg u.a. die Grazer Secession. 1939 wird er Leiter der Meisterklasse für Malerei an der Grazer Kunstgewerbeschule. Silberbauer war Maler, Freskenmaler, Graphiker und Lithograph, sein Werk ist der heimatverbundenen, gemäßigten Moderne zuzurechnen

_attended the Academy of Fine Arts in Vienna from 1910–1914. In 1923 he founded the Graz Secession together with W. Thöny, A. Wickenburg et al. In 1939 he became leader of the master class of painting at the Graz School of Applied Arts. Silberbauer was a painter, fresco painter, graphic designer and lithographer; his style is related to a regional, moderate modernity.

SOBOTKA, Walter (Wien 1888–1972 New York)

1907–1912 Studium an der Technischen Hochschule in Wien, 1923–1938 Arbeit als selbstständiger Architekt in Wien, nach seiner Emigration als Möbeldesigner in New York tätig, 1958–1972 als freiberuflicher Architekt tätig; als Vertreter der „zweiten Wiener Moderne" war er im Umkreis von A. Loos, J. Frank und O. Strnad als Architekt und Designer tätig, enge Freundschaft mit J. Frank; wie auch bei vielen seiner Kollegen, bewegt sich Sobotkas Stil zwischen Tradition und Moderne.

_studied at the Technical University Vienna from 1907–1912; worked as a self-employed architect form 1923-1938 in Vienna; after emigrating to the United States he worked as a furniture designer in New York and as an architect from 1958-1972; representing the "Second Vienna Modernism" Sobotka worked in the circle of A. Loos, J. Frank and O. Strnad as an architect and designer; he was friends with J. Frank; as with many of his colleagues, Sobotka's style moves between tradition and modernity.

STERRER, Karl (Wien 1885–1972 Wien)

Studierte an der Akademie der bildenden Künste in Wien, und wurde 1911 Mitglied des Wiener Künstlerhauses. Während des ersten Weltkriegs arbeitete er als Kriegsmaler. 1922 wurde Sterrer Professor an der Wiener Akademie. Zu seinen Schülern zählten u. a. H. Fronius, R. Hausner und M. Weiler. 1957 erhielt er den Großen Österreichischen Staatspreis für Bildende Kunst.

_studied at the Academy of Fine Arts in Vienna and became a member of the Vienna Künstlerhaus ("artists' house") in 1911. During World War I he worked as a war painter. In 1922 Sterrer became professor at the Academy in Vienna. H. Fronius, R. Hausner and M. Weiler were amongst his students. In 1957 he received the Great Austrian National Prize for fine arts.

STOITZNER, Siegfried (Wien 1892–1976 Krems a. d. Donau)

1909–1913 Studium an der Akademie der bildenden Künste Wien. 1918 zog er nach Niederösterreich und gründete mit seinem Bruder den Kunstpostkartenverlag „Heimatland". 1919 war er Gründungsmitglied des Wachauer Künstlerbundes. Stoitzner trat schon früh der NSDAP bei und wurde 1945 wegen nationalsozialistischen Betätigungen aus der Gesellschaft bildender Künstler Wiens ausgeschlossen, allerdings schon 1950 wieder aufgenommen.

_studied at the Academy of Fine Arts Vienna from 1909–1913. In 1918 he moved to Lower Austria and founded the art postcard publishing house "Heimatland" ("home

land"). In 1919 he was co-founder of the Wachau artists' association. Stoitzner became a member of the NSDAP quite early and was suspended from the association of graphic artists of Vienna in 1945; however, he was re-admitted to this association already in 1950.

THEISS, Siegfried (Pressburg 1882–1963 Wien)
1901–1907 Studium an der Technischen Hochschule und der Akademie, Wien; in dem mit H. Jaksch gegründeten Architekturbüro gehörte er zu den erfolgreichsten Architekten der ersten Jahrhunderthälfte. Er orientierte sich zunächst noch an den dekorativen Werten, die er in seiner Lehrzeit kennen gelernt hatte, während er in den 20er Jahren die internationalen Strömungen des Funktionalismus (Bauhaus) adaptierte (Hochhaus, 1010 Wien, Herrengasse). Auch zur Zeit des NS-Regimes konnte das Architekturbüro seine Arbeit fast ungehindert fortsetzen; in den 50er Jahren errichtete das Büro Theiss & Jaksch mehrere Wohnhausanlagen.

_studied at the Technical University and the Academy of Fine Arts Vienna from 1901–1907; together with H. Jaksch, with whom he ran a studio, he was one of the most famous architects of the first half of the century. Initially he was oriented towards a decorative architecture, as he had learned in his apprenticeship; but he adapted the international influences of functionalism (Bauhaus) in the 20s (skyscraper, 1010 Vienna, Herrengasse). The studio Theiss & Jaksch was able to work successfully even during the Nazi era; in the 50s they constructed several residential neighbourhoods.

ULLMANN, Robert (Mönchengladbach 1903–1966 Wien)
Bildhauer und Mitarbeiter in der Porzellanmanufaktur Augarten; 1953 erhielt er den Preis der Stadt Wien für bildenede Kunst.

_sculptor and co-worker in the Viennese Porcelain Manufactury Augarten; in 1953 he received the prize of the city of Vienna for fine arts.

UNGER, Carl (bei Znaim 1915–1995 Wien)
1935–1939 Studium an der Akademie der bildenden Künste in Wien, bei H. Boeckl. 1947 zählte Unger zu den Gründungsmitgliedern des Wiener Art-Clubs. Seine Malerei entwickelte sich vom Expressionismus über den Kubismus zur Abstraktion. 1971–1975 war er Rektor der Universität für Angewandte Kunst in Wien.

_studied at the Academy of Fine Arts Vienna from 1935–1939, under H. Boeckl. In 1947 he was amongst the founders of the Vienna Art-Club. In his painting he went from an expressionist, through a cubist to an abstract style. From 1971–1975 he was vice chancellor of the University of Applied Arts in Vienna.

VIETZE, Josef (1902 Obergrund – 1988 Bischofswiesen)
1916–1920 Lithographenlehre, bis 1929 Arbeit als Lithograph in Krakau, Prag und Böhmisch Leipa. 1940–1945 war Vietze Professor an der Akademie in Prag, 1946 wurde er interniert und musste Zwangsarbeit leisten.

_apprenticeship as lithographer from 1916–1920, until 1929 he worked as lithographer in Krakow, Prague and Bohemian Leipa. From 1940–1945 Vietze was professor at the Academy in Prague, in 1946 he was interned and had to do compulsory labour.

WLACH, Oskar (Wien 1881–1963 New York)
1898–1903 Studium an der Technischen Hochschule, 1806 Doktoratsabschluß, 1907 Studium an der Akademie, Wien; 1907–1919 Ateliergemeinschaft mit J. Frank u. O. Strnad; in den 20er Jahren Gründung der Firma „Haus & Garten", die bis zur Emigration Franks (1934) zusammen und danach allein (bis 1938) sehr erfolgreich Wohnungseinrichtungen und Gartenmöbel verkaufte. Die auf Funktion des Benützers in seiner individuellen Lebenssphäre ausgerichteten Einrichtungen gehören zur „Zweiten Wiener Moderne". 1938 wurde die Firma „arisiert", Wlach emigrierte 1938 und kam schließlich 1939 nach New York, wo er an seinen Erfolg in Österreich nicht anknüpfen konnte. Sein Restitutionsantrag auf die Firma „Haus & Garten" im Jahr 1950 blieb erfolglos.

_studied at the Technical University Vienna from 1898-1903; studied at the Academy of Fine Arts Vienna in 1907; studio-collective with J. Frank and O. Strnad from 1907–1919; founded the company "Haus & Garten" in the 20s, which he led together with J. Frank until Frank emigrated in 1934; after that, Wlach successfully led the company, which sold interiors and garden furniture, on his own until 1938. The interiors, which adapt to the personal lifestyle of the inhabitant, are related to the "Second Viennese Modernism". In 1938 his company was "aryanised", Wlach emigrated in 1938 and finally arrived in New York in 1939, where he was not able to continue his earlier success. His claim for restitution of his company "Haus & Garten" in 1950 failed.

WÖRLE, Eugen (Bregenz 1909–1996 Wien)
1927–1930 Studium an der Akademie der bildenden Künste, Wien (Meisterklasse C. Holzmeister), 1930–1934 Mitarbeit im Büro von E. Lichtblau, von 1932–1936 auch Mitarbeit im Atelier C. Holzmeisters und zugleich selbständige Arbeiten mit M. Fellerer und seinem Bruder P. Wörle; sie realisierten zahlreiche Geschäftslokale, aber auch größere Projekte, wie das Hotel am Tulbingerkogel; 1934–1942 verband ihn eine Bürogemeinschaft mit M. Fellerer, die er ab 1945–1957 wieder aufnahm; in der Zeit der ersten Wiederaufbaujahre war das Büro von Fellerer Wörle eines der meistbeschäftigten in Wien (Prestigeprojekte wie das Strandbad „Gänsehäufel"), nach dem Tod Fellerers leitete er ab 1957 sein eigenes Büro in Wien.

_studied at the Academy of Fine Arts Vienna from 1927–1930 (class of C. Holzmeister); from 1930–1934 he worked in the studio of E. Lichtblau; from 1932–1936 he was active also in C. Holzmeister's studio and as a self-employed architect with M. Fellerer and his brother P. Wörle; they built several salesrooms, but also larger projects such as the Hotel at the Tulbingerkogel; from 1934–1942 and from 1945–1957 he had a studio together with M. Fellerer; at the time of the rebuilding after the war, the studio Fellerer Wörle was one of the most engaged in Vienna (involved in prestigious projects such as the "Gänsehäufel" river bath); after Fellerer's death, Wörle led his own studio in Vienna after 1957.

Literatur/literature

ACHLEITNER Friedrich, Besser als ihr Ruf (1982), in: Friedrich Achleitner, Wiener Architektur. Zwischen typologischem Fatalismus und semantischem Schlamassel, Wien – Köln – Weimar 1996, S. 111–117

BERNHARD Erich/TABOR Jan/FELLER Barbara, Wiener Wohnbau der NS-Zeit. Ankündigungen und Tatsachen, Eine Forschungsarbeit im Auftrag der MA 19, Wien 1994

BOECKL Matthias (Hg.), Visionäre & Vertriebene. Österreichische Spuren in der modernen Architektur, Berlin, Ernst & Sohn 1995

BREICHA Otto (Hg.), Aufforderung zum Misstrauen, Wien 1967

BREICHA Otto (Hg.), Der Art Club in Österreich, Wien 1981

GMEINER Astrid/ PIRHOFER Gottfried, Der Österreichische Werkbund, Salzburg 1985

HOFMANN Werner, Moderne Malerei in Österreich, Wien 1965

KOLLER Gabriele, Die Radikalisierung der Phantasie, Design aus Österreich, Salzburg 1987

MEDER Iris (Hg.), Josef Frank. Eine Moderne der Unordnung, Wien 2008

NAGLER Gabriela, Der Weg zur abstrakten Malerei in Österreich 1945–1955,

Diss. Wien 1989

OTTILINGER Eva (Hg.), Wohnen zwischen den Kriegen, Wiener Möbel 1914–1941, Wien 2009

Österreichischer Fachzeitschriften-Verlag (Hg.), Neue Architektur in Österreich 1945–1970, Wien 1969

Österreichische Galerie Belvedere (Hg.), Die uns verließen, Wien 1980

Österreichische Hochschule für angewandte Kunst (Hg.), Ausstellungskatalog Franz Schuster 1892–1972, Wien 1976

SPALT Johannes/HAERDTL Carmela, Ausstellungskatalog Oswald Haerdtl 1899–1959, Hochschule für angewandte Kunst, Wien 1978

STEINER Klaus, Planungen für Wien in der NS-Zeit, in: Wien 1938, Katalog der 110. Sonderausstellung des Historischen Museums der Stadt Wien, wissenschaftliche Realisierung durch das Dokumentationsarchiv des österreichischen Widerstandes, Wien 1988

TABOR Jan (Hg.), Kunst und Diktatur, Wien 1994

UHL Ottokar, Moderne Architektur in Wien. Von Otto Wagner bis heute, Wien – München 1966

WEIHSMANN Helmut, Bauen unterm Hakenkreuz. Architektur des Untergangs, Wien 1998

WEIHSMANN Helmut, In Wien erbaut. Lexikon der Wiener Architekten des 20. Jahrhunderts, Wien 2005

30 Jahre Künstlergruppe „Der Kreis" 1946–1976, Wien 1976

Zeitschriften/journals

Der getreue Eckart, Wien Adolf Luser Verlag

Innendekoration, mein Heim, mein Stolz, Koch, Darmstadt-Stuttgart 1891–1943/1944

Kunst ins Volk, Zeitschrift für Freunde der bildenden Künste, Wien 1949–1969/1970

Publikation zur Ausstellung im Wiener Künstlerhaus „Niemals Vergessen!", Wien, 1946

Die Pause, Kultur, Kunst, Bildung Leben, Preßverein des Wiener Bildungswerkes, Wien 1935–1944

Plan, Hefte 1–12 , Wien 1945–1947

Der Turm, Monatsschrift für österreichische Kultur, Österreichische Kulturvereinigung, Wien 1945/1946–1948

Abbildungsnachweis/photographic credits

Architektur und Wohnform (1949/1950 S. 113 rechts, 118, 119, 120, 121, 135 links oben u. unten 1950/1951 S. 13, 114, 115, 116, 117)
© Artforum, Thomas Frankl / VBK Wien (S. 24 links u. rechts, 83, 145)
© Carl Auböck Archiv (S. 32, 46 rechts, 47 re oben u. unten)
Der Aufbau (1946 S. 86, 87, 88, 90 1947 S. 96, 97, 1953 S. 124 unten)
Der Bau (1950 S. 89 links, 98, 106, 125 links u. rechts unten, 128, 136, 1954 S. 124 oben)
Bauten und Entwürfe 1910 (S. 91 links)
© Bundesmobilienverwaltung, Hofmobiliendepot (S. 132)
Sammlung: Bundesmobilienverwaltung, Objektstandort: Hofmobiliendepot, Möbel Museum Wien, Foto: Edgar Knaack (S. 133)
© Dorotheum (S. 46 links, 41 Mitte, 112 rechts)
© Georg Goldarbeiter (S. 8, 9 oben, 14, 64, 65, 66, 67, 125 links u. rechts oben, 129)
© Galerie Hagenauer (S. 49 unten links u. rechts)
Das schöne Heim (1949 S. 53 links, 61, 108, 109, 131 1950 S. 130)
Innendekoration (1942, S. 38, 39, 50, 51, 53 rechts, 60 links 1943 S. 63)
Robert Keil (S. 11, 12, 25)
Julia Kropik (S. 91 rechts)
© Patrick Kovacs Kunsthandel (S. 49 oben, 89 rechts, 111 links, 134 Mitte)
Kunst dem Volk (1941 S. 27 oben, 72, 74, 75 links, 76 links 1942 S. 75 rechts, 76 rechts 1943 S. 68, 1944 S. 69, 70, 71, 73, 101)
Kunst ins Volk (1949 S. 102, 110, 111 rechts, 126, 1950 S. 77 links, 19 oben u. unten)
© Kunsthandel Widder Wien (S. 143)
© lichterloh (S. 134 links, 134 rechts, 135 rechts oben u. unten)
Moderne Bauformen (1941, S. 40, S. 41 unten, 43, 45, 48, 52 unten, 54, 55 links, 59, 60 rechts, 1942, S. 17, 42, 44, 55 rechts, 56, 57, 58, 63, 99 oben, links, S. 104, 105, 107)
Modernes Heim (1950 S. 52 oben, 77 rechts, 80 links, 81 rechts, 1952 S. 80 rechts, 81 links oben u. unten, 127)
© Österreichische Nationalbibliothek (S. 7 gesamt)
Niemals Vergessen, Wien 1946 (28, 144, 147, 148, 149)
Österreichische Kunst (1938 S. 27 unten)
Pause (1940 S. 20 oben, 78 rechts, 79, 1941 S. 18, oben u. unten, 78 links, 1942, S. 41 oben, S. 47 links)
Phillips de PURY (S. 21, 112 links)
Publikation des Wiener Stadtbauamtes 1950 (S. 122, 123)
© Sammlung der Kulturabteilung der Stadt Wien – MUSA (S. 25 oben, 33, 37, 85, 99 rechts unten, 137, 138, 139, 140, 141, 142, 146)
© Svenskt Tenn (S. 19, 20 unten, 112 Mitte, 113 links oben und Mitte unten)
Der Turm (1945 S. 31, 1946 S. 30, 1947/1948 S. 22)

Textabbildungen/text illustrations

Fig. 1 Rudolf Eisler, Wohnhausanlage, Wien XV, Camillo Sitte Gasse 11–13, 1943–1944
_housing development, Vienna XV, Camillo Sitte Gasse 11–13, 1943–1944
Fig. 2 Rudolf Felsenstein, Wohnhausanlage, Wien XIV, Dreyhausenstraße 28–30, 1942
_housing development, Vienna XIV, Dreyhausenstraße 28–30, 1942
Fig. 3 Hermann Giesler, Modell der Donauuferbebauung Linz, Oberösterreich, 1941–1944
_model of the building development at the danube shore in Linz, Upper Austria, 1941–1944
Fig. 4 Anton Estermann, Roderich Fick, Linz, Verwaltungsgebäude am Brückenkopf der Nibelungenbrücke, Linz, Oberösterreich, 1939–1940
_administration building at the bridge head of the Nibelungen-bridge, 1939–1940, Linz, Upper Austria
Fig. 5 GESIBA, Siedlung „Am Wienerfeld Ost", Wien XI, Bullgasse 1–11, 1939–1942
_colony "Am Wienerfeld Ost", Vienna XI, Bullgasse 1–11, 1939–1942
Fig. 6 Maria Theresien-Kaserne, Wien XIII, Am Fasangarten 2, 1938–1940
_Maria Theresien barracks, Vienna XIII, Am Fasangarten 2, 1938–1940
Fig. 7 Karl Fiebinger, Franz Mörth, Saurer-Werke, Wien XI.
_Saurer factory, Vienna XI.
Fig. 8 Viktor Gruen vor dem Modell eines seiner Einkaufszentren
_Victor Gruen in front of one of his models for a shopping center
Fig. 9 Ernst Schwadron, Innenansicht seines Wohnhauses in New York, um 1950
_interior view of Ernst Schwadron's house in New York, ca. 1950
Fig. 10 Franz Schuster, Sonderkindergarten „Schweizer Spende", Wien XV, Auer-Welsbach Park, 1947–1949
_kindergarten "Schweizer Spende" (Swiss Donation), Vienna XV, Auer-Welsbach Park, 1947–1949
Fig. 11 Franz Schuster, Per Albin Hansson-Siedlung West, Wien X, Favoritenstraße 239–241, 1947–1951 und 1944–1955
_Per Albin Hansson-colony west, Vienna X, Favoritenstraße 239–241, 1947–1951 and 1944–1955
Fig. 12 Erwin Fabrici, Georg Lippert, Fritz Purr und Paul Widmann, Hugo Breitner Hof, Wien XIV, Linzer Straße 299–325, 1939 (Pläne) bzw. 1949 (Baubeginn)
_Hugo Breitner yard, Vienna XIV, Linzer Straße 299–325, 1939 (plans) and 1949 (start of construction)
Fig. 13 Josef Hoffmann und Josef Kalbac, Adaptierungen im „Haus der Mode", Wien I, Palais Lobkowitz, Lobkowitzplatz 2, 1938
_adjustments at the "House of fashion", Vienna I, Palais Lobkowitz, Lobkowitzplatz 2, 1938
Fig. 14 Josef Hoffmann, Vase, Tombak, 1940–1942
_vase, tombak, 1940–1942
Fig. 15 Alfred Soulek, Gartenmöbel, um 1942
_garden furniture, ca. 1942
Fig. 16 Eleonora Zanoskar, Geschirr, Feueremailarbeiten auf Kupfer, um 1942
_dishes, fire enamel on copper, ca. 1942
Fig. 17 Franz Marischka, Atelier für Stilmöbel
_studio for „period furniture"
Fig. 18 Franz Marischka, Ausstellungsraum für Stilmöbel, Wien I, Kärntnerstraße
_exhibition room for "period furniture", Vienna I, Kärntnerstraße
Fig. 19 Mädchen und Lehrer in einem BDM Kurs auf der Wiener Frauen-Akademie
_girl and her teacher at a BDM lesson at the Vienna Women's-Academy
Fig. 20 Josef Frank, Stoffentwurf "Manhattan2, 1942–1946
_fabric pattern "Manhattan", 1942–1946
Fig. 21 Josef Frank, Kartentisch, ca. 1940
_card table, ca. 1940
Fig. 22 Seite aus „Der Turm", 1947/1948, Aufsatz von Oswald Haerdtl „Der neue Kunstgewerbestil"
_page out of "Der Turm", 1947/1948, essay by Oswald Haerdtl "Der neue Kunstgewerbestil"
Fig. 23 Oswald Haerdtl, Entwurf für einen Schreibtisch und einen Sessel, 1948
_sketch for a desk and a chair, 1948
Fig. 24 Adolf Frankl in seinem Geschäft für Raumausstattung
_Adolf Frankl in his interior design shop
Fig. 25 Adolf Frankl, Verhaftung II, Aquarell, 30 x 42 cm, um 1950
_imprisonment II, watercolour, 30 x 42 cm, ca. 1950
Fig. 26 Josef Floch, Stiegenaufgang, 1949, Öl/Leinwand, 100 x 70 cm
_staircase, 1949, oil/canvas, 100 x 70 cm
Fig. 27 Paul Mathias Padua, 10. Mai 1940, Öl/Leinwand, 1941
_10th May 1940, oil/canvas, 1941
Fig. 28 Fritz Fröhlich, Der Trommler, abgebildet in der Publikation „Oberdonau – Die Heimat des Führers", 1940
_the drummer, printed in the publicatoins "Upper danube – home of the Führer", 1940
Fig. 29 Ernst Huber, Drakenstein, Aquarell/Papier, um 1940
_Drakenstein, watercolour/paper, ca. 1940
Fig. 30 Heinrich Hoffmann, Verlag Nationalsozialistischer Bilder, Wien I, Opernring 19
_publishing house for National Socialist paintings and photographs, Vienna I, Opernring 19
Fig. 31 Seite aus der Publikation zur Ausstellung „Niemals Vergessen!", 1946 im Wiener Künstlerhaus
_page out of the publication to the exhibition "Never forgotten!", 1946 in the Vienna Künstlerhaus
Fig. 32 Herbert Boeckl, Selbstbildnis, 1944
_self portrait, 1944
Fig. 33 Fritz Wotruba, Jüngling, um 1945
_young man, ca. 1945

Impressum/imprint

Die Deutsche Bibliothek verzeichnet diese Publikation in der Deutschen Nationalbibliografie; detaillierte bibliografische Daten sind im Internet über
< http: //dnb.ddb.de > abrufbar.

Herausgeber: Robert Keil

Graphik und Layout: Harald Letonja | **alfama**
Gestaltung: Julia Kropik
Lektorat: Ernestine Zolda
Übersetzung der Textbeiträge: Sarah Cormack
Druck: arrabona PRINT, Győr

Amartis Verlag, Wien
Gloriettegasse 13
1130 Wien
amartis@aon.at
www.amartis.at

ISBN 978-3-9501012-8-7